播音与主持艺术专业“十三五”规划教材
21世纪播音与主持艺术专业实用教材

新闻播音

主　编：李　凌
副主编：熊晓卫　常静涛

中国传媒大学出版社
·北京·

图书在版编目(CIP)数据

新闻播音 / 李凌主编. --北京:中国传媒大学出版社，2018.10 (2022.12重印)
播音与主持艺术专业“十三五”规划教材　21 世纪播音与主持艺术专业实用教材
ISBN 978-7-5657-2266-0

Ⅰ.①新…　Ⅱ.①李…　Ⅲ.①新闻—播音—高等职业教育—教材　Ⅳ.①G222.2

中国版本图书馆 CIP 数据核字（2018）第 156830 号

新闻播音
XINWEN BOYIN

主　　编	李　凌		
策划编辑	蔡开松		
责任编辑	张　笛		
责任印制	李志鹏		
封面设计	丁　晨		
出版发行	中国传媒大学出版社		
社　　址	北京市朝阳区定福庄东街 1 号	**邮　　编**	100024
电　　话	86-10-65450528　65450532	**传　　真**	65779405
网　　址	http://cucp.cuc.edu.cn		
经　　销	全国新华书店		
印　　刷	北京中科印刷有限公司		
开　　本	787mm×1092mm　1/16		
印　　张	11.25		
字　　数	260 千字		
版　　次	2018 年 10 月第 1 版		
印　　次	2022 年 12 月第 4 次印刷		
书　　号	ISBN 978-7-5657-2266-0/G・2266	**定　　价**	42.00 元

主编简介

李　凌

1958年生，教授，吉林通化人。曾任地市级广播电台、电视台播音员、主持人、制片人等20余年。

2004年至今就职于湖南大众传媒职业技术学院，曾任播音主持系主任、影视艺术学院院长、学校教学督导，国家级普通话水平测试员，龙舟国际级裁判（二级）。

出版专著《高职院校主持与播音专业人才培养模式研究与实践》，主编教材《播音主持语音发声基础》《播音主持语言表达》《新闻播音》《婚庆策划与主持》，在《现代传播》《新闻战线》《青年记者》等核心期刊发表论文25篇。

数百次担任由国家体育总局、中央电视台、国际龙舟联合会、亚洲龙舟联合会、中国龙舟协会举办的国际国内重大龙舟赛事的现场解说、电视直播解说嘉宾。2006年，荣获中国龙舟协会颁发的“中国龙舟运动贡献奖”。

编委会

主　编：李　凌
副主编：熊晓卫　常静涛

参编人员（按模块顺序排列）：

熊晓卫　牛学庆　周　昀
伏奕帆　陈　静　林　谦
张　倩　杨　鸢　刘明艳
李燕湘　赵晶晶　邹敬安
张　莹　马　惠　荣　斌
罗　玲　饶　丹

目 录

模块二 评论播音

模块三 新闻专稿播音

前 言

本套教材是一套实用性很强的应用型专业教材，有《播音主持语音与发声基础》《语言表达基础》《新闻播音》《节目主持》四册，是播音与主持艺术专业核心课程教材，突出了播音员主持人核心能力及综合能力的培养，有以下几个鲜明特点：

一、教材编写设计基于“以播音主持为主，一专多能”的目标培养定位，适于播音与主持艺术专业应用型教育教学使用。

二、教材根据人才培养需要，在教学实践中引入播音主持工作岗位标准，建立相应的考核标准，创新实施“拟制片人制”（栏目式）教学组织模式，将“教学内容节目化、教学主体角色化、教学考核过程化、教学环境职场化”，使课程教学以业务能力为导向，目标明确、具体，具有可操作性。

三、教材充分考虑了播音与主持艺术专业课程体系与课程目标的衔接性、渐进性、配套性以及长远使用的要求，使学生可以在“高仿真”的专业技术岗位环境中反复打磨，为培养较强的综合业务能力打下坚实的基础。

四、教材根据学习者专业能力及知识认知规律构建教学模块、设计训练项目，在真实的职业活动场景内做训练任务，体现了以工作过程为导向，以项目、任务为驱动的教学目的。

五、教材在编写体例上具有鲜明特色，精心设计了“课前热身”“学习目标”“案例导入”“理论基础”“课堂训练”“任务拓展”“问题思考”“评价方法”八个板块，既有理论支撑，又有实践训练，与市面上的同类教材相比，独树一帜。

六、教材创新设计了“一课一考”的学习过程评价方式，考核标准涵盖工作岗位标准。包括理论测验、技能训练、作品评审、职业素质、工作纪律、团队协作等综合评价。

七、教材创新设计了具有衔接性特点的“课前热身”板块，在课堂上为学生提供了训练思维与即兴表达能力的机会，为达到播音主持“有稿播音锦上添花，无稿主持出口成章”要求探索了一条新的学习路径。

这套教材编写定位于“实用”，难免挂一漏万，恳请读者批评指正。

主　编

2018.8.20

模块一　新闻播报

项目一　时政新闻播报

任务1 时政新闻播报的备稿

课前热身: 复述例稿中的一条新闻,并简要评论。(要求新闻要素齐全,并作简要评论;内容完整准确,观点正确,语言流畅、精练,情绪饱满;时间1分钟。)

学习目标: 了解时政新闻的含义,掌握时政新闻播报的特征及备稿方法,运用时政新闻播报的备稿方法对一组时政新闻进行播报前的准备。

案例导入: 李佳芮和刘雅利一起去竞聘某电视台新闻主播,考官要求应聘者做自我介绍并播报一条时政新闻。她们同时抽中了一条"两会"新闻,李佳芮播报时语言显得生疏,断句不当,语气平淡、缺乏热情;而刘雅利播报时,对内容把握准确,播报吐词清晰流利、情绪饱满,令评委耳目一新。最后刘雅利胜出,被聘任为该台新闻主播。

一、时政新闻的定义和新闻范畴

时政新闻是指关于新近和正在发生的国内外时事、政治事实的报道。

时政的范畴涉及国家、政党的最新方针、政策,国内民主政治以及国际政治、国际关系等,它可以细分为外交、会议、会见、领导人活动、宣传、公告以及国内外其他新闻事件等。

新闻传播是广播电视等媒体的重要职能,时政新闻首当其冲。需要重点关注的时政新闻节目有:中央电视台的《新闻联播》《新闻30分》《新闻直播间》《朝闻天下》《环球时讯》《今日亚洲》,中央人民广播电台的《新闻和报纸摘要》《全国新闻联播》,凤凰卫视的《凤凰早班车》《时事直通车》,东方卫视的《看东方》,等等。

二、时政新闻播报的语言特征

新闻播报语言的总体特征是：朴实无华、准确清晰、简洁明快、平稳顺畅。

时政新闻播报在具有新闻播报语言的总体特征的同时，更加注重庄重、严谨，让受众感受到新闻发布的公信力。

三、时政新闻播报的备稿

新闻是严谨的，新闻工作者也必须严谨，尤其是负责最后一道关口的播音员，更要严之又严。每次播音前必须备稿，只有备稿，才能做到心中有数，才能高质量地完成播音工作。所以播音员一定要勤练习，做到手勤、脑勤、眼快、心灵，提高备稿速度和准确率。

在广义上，时政新闻播报对播音员的素质要求是：关心国内外时事政治，了解党和国家的大政方针，关注国内外重大事件，有较强的分析新闻和正确把握舆论导向的能力；庄重严肃、热情大方；有严谨深厚的播报功力。

播音员在接到新闻稿件后要认真备稿。特别要注意以下两点：

第一，稿件中的人名、地名、生僻字、多音字等一定要查清楚，准确播报。有时一字之差会造成播出事故。央视《新闻联播》节目中，如果因主持人口误造成大错，第二天就得下岗。为了避免播报新闻时有不会念的生僻字，主播们几乎《新华字典》从不离身。

第二，稿件无论长短，都要理清内容层次，并在头脑中清晰地概括出稿件的主题；然后，对这条新闻的背景进行联想、分析，明确播报目的，并确定语言、语气的情感基调，达到良好的播报效果。

课堂训练

例稿1.1.1

习近平：全面贯彻党的十九大精神 坚定不移将改革推向深入
李克强张高丽汪洋王沪宁出席

中共中央总书记、国家主席、中央军委主席、中央全面深化改革领导小组组长习近平11月20日下午主持召开十九届中央全面深化改革领导小组第一次会议并发表重要讲话。他强调，过去几年来改革已经大有作为，新征程上改革仍大有可为。各地区各部门学习贯彻党的十九大精神，要注意把握蕴含其中的改革精神、改革部署、改革要求，接力探索，接续奋斗，坚定不移将改革推向前进。

李克强、张高丽、汪洋、王沪宁出席会议。

会议审议通过了《关于建立国务院向全国人大常委会报告国有资产管理情况的制度的意见》《关于加强贫困村驻村工作队选派管理工作的指导意见》《农村人居

环境整治三年行动方案》《关于在湖泊实施湖长制的指导意见》《全面深化新时代教师队伍建设改革的意见》《关于拓展农村宅基地制度改革试点的请示》《关于改革完善全科医生培养与使用激励机制的意见》《中央团校改革方案》《关于立法中涉及的重大利益调整论证咨询的工作规范》《关于争议较大的重要立法事项引入第三方评估的工作规范》《关于加强知识产权审判领域改革创新若干问题的意见》《关于贯彻落实党的十九大精神坚定不移将改革推向深入的工作意见》《中央全面深化改革领导小组工作总结》《中央全面深化改革领导小组工作规则(修订稿)》《中央全面深化改革领导小组专项小组工作规则(修订稿)》《中央全面深化改革领导小组办公室工作细则(修订稿)》。会议审议了《关于加大督察力度狠抓改革落实情况的报告》。

会议指出，建立国务院向全国人大常委会报告国有资产管理情况的制度，是贯彻党的十九大强调的加强国有资产监督管理的一个重要举措。要坚持党的领导、人民当家做主、依法治国有机统一，支持和保证人大依法行使监督权，规范报告方式、审议程序及其重点，推进国有资产管理的公开透明，使国有资产更好服务发展、造福人民。

会议强调，加强贫困村驻村工作队选派管理工作，要把深度贫困地区贫困村和脱贫难度大的贫困村作为重中之重，从健全体制机制入手，规范人员选派，明确工作任务，加强日常管理，严明考核激励，着力解决驻村帮扶中选人不优、管理不严、作风不实、保障不力等问题，确保贫困村驻村工作队选派精准、帮扶扎实、群众满意。

会议指出，开展农村人居环境整治行动，要统筹城乡发展，统筹生产生活生态，以建设美丽宜居村庄为导向，以农村垃圾、污水治理和村容村貌提升为主攻方向，动员各方力量，整合各种资源，强化各项举措，加快补齐农村人居环境突出短板。要注意因地制宜，保护、保留乡村风貌。

会议强调，在全面推行河长制的基础上，在湖泊实施湖长制，要坚持人与自然和谐共生的基本方略，遵循湖泊的生态功能和特性，严格湖泊水域空间管控，强化湖泊岸线管理保护，加强湖泊水资源保护和水污染防治，开展湖泊生态治理与修复，健全湖泊执法监管机制。

会议指出，全面深化新时代教师队伍建设改革，要全面贯彻党的教育方针，坚持社会主义办学方向，遵循教育规律和教师成长发展规律，全面提升教师素质能力，深入推进教师管理体制机制改革，形成优秀人才争相从教、教师人人尽展其才、好老师不断涌现的良好局面。要重视建好建强乡村教师队伍。

会议强调，拓展宅基地制度改革试点范围，已经有了前期的实践基础，要严守土地公有制性质不改变、耕地红线不突破、农民利益不受损的底线，平衡好国家、集体、个人利益，加快形成可复制可推广经验。不得以买卖宅基地为出发点，不得以退出宅基地使用权作为农民进城落户的条件。

会议指出，改革完善全科医生培养与使用激励机制，要遵循医疗卫生服务和临床医学人才成长规律，坚持政府主导，发挥市场机制作用，完善适应行业特点的全科医生培养制度，创新全科医生使用激励机制，加强贫困地区全科医生队伍建设。

会议强调，中央团校工作承担着为党的青年群众工作教育培养干部骨干的重要使命，改革要着眼党的青年工作大局，把握建设党在青年工作领域特色鲜明的政治学校这一根本定位，聚焦团干部教育主责主业，剥离学历教育，创新办学方式，突出政治培训，努力为新时代党的青年群众工作和共青团建设提供人才智力支持。

会议指出，建立关于立法中涉及的重大利益调整论证咨询和争议较大的重要立法事项引入第三方评估的工作规范，是党的十八届四中全会部署的重要改革举措。要根据《立法法》有关规定，紧紧围绕提高立法质量这个关键，健全立法起草、论证、咨询、评估、协调、审议等工作机制，更好发挥立法机关在表达、平衡、调整社会利益方面的重要作用，努力使每一项立法都符合宪法精神、反映人民意志、得到人民拥护。

会议强调，加强知识产权审判领域改革创新，要充分发挥知识产权司法保护主导作用，树立保护知识产权就是保护创新的理念，完善知识产权诉讼制度，加强知识产权法院体系建设，加强知识产权审判队伍建设，不断提高知识产权审判质量效率，优化科技创新法治环境。

会议指出，党的十八大以来，在以习近平同志为核心的党中央坚强领导下，我们以敢于啃硬骨头、敢于涉险滩的担当和勇气，坚决破除各方面体制机制弊端，形成了一大批改革理论成果、制度成果、实践成果，主要领域改革主体框架基本确立。这是继续深化改革的坚实基础和有利条件。站在更高起点谋划和推进改革，必须深入学习贯彻党的十九大精神和习近平新时代中国特色社会主义思想，坚定改革方向，继续统筹推进各领域各方面改革。最为关键的是，无论改什么、改到哪一步，坚持党对改革的集中统一领导不能变，完善和发展中国特色社会主义制度、推进国家治理体系和治理能力现代化的总目标不能变，坚持以人民为中心的改革价值取向不能变。

会议强调，党的十九大围绕党和国家事业发展新要求，对全面深化改革提出了新任务，部署了一大批力度更大、要求更高、举措更实的改革任务。同时，还要继续推动党的十八大以来部署的改革任务落实，改革的担子越挑越重。我们必须准备付出更为艰巨、更为艰苦的努力。要抓紧梳理党的十九大提出的改革任务和举措，按照党中央确定的全面深化改革的总目标，着力增强改革的系统性、整体性、协同性，保持工作力度和连续性，有计划有秩序推进落实。

会议指出，各地区各部门要增强政治意识、大局意识、核心意识、看齐意识，强化落实责任，结合自身实际，把党中央提出的战略部署转化为本地区本部门的工作任务。党的十八大以来已经推出改革方案的要狠抓落实，还没有完成的改革任务要紧抓快干，已经落实方案的还要巩固改革成果。要坚持一把手抓改革，重视搞好调查研究，善于研究和解决新矛盾新问题，在抓落实上投入更大精力。明年改革工作要抓紧谋划起来，用更高的标准抓好各项工作，以实际行动迎接改革开放40周年。

中央全面深化改革领导小组成员出席，有关中央领导同志以及中央和国家机关有关部门负责同志列席会议。

(2017年11月21日《人民日报》)

例稿1.1.2

纪念中国人民抗日战争暨世界反法西斯战争胜利70周年大会在京隆重举行

9月3日上午，纪念中国人民抗日战争暨世界反法西斯战争胜利70周年大会在北京天安门广场隆重举行，以盛大阅兵仪式，同世界人民一道纪念这个伟大的日子。中共中央总书记、国家主席、中央军委主席习近平发表重要讲话并检阅受阅部队。

10时整，纪念大会开始。

70响礼炮响彻云霄，200名国旗护卫队官兵护卫着五星红旗，迈着有力的步伐，从人民英雄纪念碑行进至广场北侧国旗杆前。中国人民解放军联合军乐团、合唱团奏唱《义勇军进行曲》，全场齐声高唱，五星红旗冉冉升起。

10时18分，阅兵仪式开始。习近平乘红旗牌检阅车，依次检阅11个徒步方队、27个装备方队。受阅部队军容严整，意气风发，铁甲战车整齐列阵，威风凛凛。

（2015年9月3日中央电视台《新闻联播》)

例稿1.1.3

习近平会见韩国总统特使郑义溶

国家主席习近平12日在人民大会堂会见韩国总统特使、国家安保室长郑义溶。

习近平指出，文在寅总统委派特使先生专程来华通报你访问朝鲜和赴美国推动朝美对话的情况，中方对此表示赞赏。作为朝鲜半岛近邻，中方一向支持半岛南北双方改善相互关系、推进和解合作，支持美朝接触对话、协商解决各自关切。半岛无核化、不战不乱是中方的一贯立场。当前，半岛形势正面临重要的缓和对话机遇，中方积极评价韩方为此所作努力，愿同包括韩方在内国际社会一道，进一步做有关各方工作，结合中方“双轨并进”思路及各方有益建议，推进半岛问题政治解决进程。同时，各方要保持耐心和细心，发挥政治智慧，妥善应对和化解复谈进程中的各种问题和干扰。我们期待南北首脑会晤和朝美对话顺利举行，并在推动半岛无核化进程和相互关系正常化方面取得实质性进展。精诚所至，金石为开。只要各方都能聚焦半岛无核化及和平稳定的根本目标，朝鲜半岛终将迎来坚冰消融、春暖花开的一天。

郑义溶转达了文在寅总统对习近平的诚挚问候，表示文在寅总统去年对中国的访问非常成功，韩方愿同中方共同努力推进双边关系发展。当前朝鲜半岛局势出现积极变化，中方发挥了重要的引领作用。中方始终坚持半岛无核化目标，坚持和平解决朝核问题，支持半岛南北对话，主张美朝直接对话，推动南北关系迈出重要一步，使半岛问题出现积极进展。韩方向中方表示衷心感谢，期待中方继续发挥重要作用，并愿同中方密切协调，维护当前半岛局势缓和势头，推动以和平手段解决朝核问题，实现本地区和平、稳定与发展。

中共中央政治局委员、国务委员杨洁篪等参加会见。

（2018 年 3 月 13 日《人民日报》）

例稿1.1.4

北京获得2022年冬奥会举办权

北京令世界再次心动，中国将续写奥运辉煌。国际奥委会第 128 次全会 31 日下午在马来西亚吉隆坡投票决定，将 2022 年冬奥会举办权交给北京。中共中央总书记、国家主席、中央军委主席习近平致信申办冬奥会代表团表示热烈祝贺。

习近平在贺信中说，北京携手张家口获得了 2022 年第 24 届冬季奥林匹克运动会的举办权，我向你们致以热烈的祝贺。你们为申办冬奥会付出了巨大的努力。希望你们再接再厉，扎实工作，在全国各族人民大力支持下，把 2022 年冬奥会办成一届精彩、非凡、卓越的奥运盛会。

(2015 年 7 月 31 日中央电视台《新闻联播》)

任务拓展

1. 根据以下新闻标题，编排内容提要，填写节目播出单。

中外媒体热议中共十九大

习近平同金正恩举行会谈

习近平主席会见美国总统特朗普

南京大屠杀死难者国家公祭日

（提示：中国共产党第十九届中央政治局常委排序是习近平、李克强、栗战书、汪洋、王沪宁、赵乐际、韩正。）

2. 下载央视《新闻联播》或东方卫视等媒体的新闻节目中的时政新闻视频，为每条新闻配音，不少于 5 条，制作成一期完整的时政新闻视频节目。

问题思考

1. 在广播电视新闻节目中，哪些属于时政新闻？

2. 怎样进行时政新闻播报的备稿？

评价方法

考核表

考核模块	考核内容	考核方式	考核点	分值
（一）知识与技能目标	1. 对所学时政新闻播报前的备稿理论知识进行回顾、总结；	理论测验	1. 准确说出时政新闻播报的语言特点、备稿方法；	10
	2. 对例稿《北京获得2022年冬奥会举办权》进行模拟现场播报；	技能训练	2. 掌握时政新闻播报的语言特点； 3. 写出备稿分析笔记，基调正确，体现传播目的； 4. 播报叙事清楚、重点突出、新鲜感强； 5. 播报热情、亲切、严谨，有交流感。	20
	3. 为一组时政新闻片配音。	作品评审	6. 运用时政新闻播报的特点进行播音； 7. 音视频清晰，不少于3条新闻； 8. 播报热情、流畅； 9. 播报基调把握准确、叙事清楚、层次清晰、重点突出； 10. 语音规范，播报节奏与新闻视频协调。	50
（二）过程与方法目标	合作完成节目成品的过程表现。		1. 获取、搜集、整理信息，甄选有价值的信息； 2. 制订、实施工作计划； 3. 分析、发现、解决问题； 4. 具有运用理论知识的能力； 5. 及时完成工作任务。	10
（三）情感、态度、价值观目标	出勤纪律、工作态度（违反第一条，10分全无）。		1. 遵守工作纪律，自我约束力强，不迟到、早退、旷课； 2. 有职业道德和社会责任感； 3. 有较强的新闻敏感性，有一定的新闻工作者的人文关怀意识； 4. 语言沟通能力、组织协调能力强，与团队成员团结协作，共同完成工作任务； 5. 实事求是地完成工作评价，给出合理分值。	10
评分标准：优90—100分，良80—89分，及格60—79分 总分＝自我评分（20%）＋小组评分（30%）＋教师评分（50%）				
改进建议				

任务2 时政新闻播报的语言样式

课前热身：复述例稿中的一条新闻，并简要评论。（要求新闻要素齐全，并作简要评论。内容完整准确、观点正确，语言流畅、精练，情绪饱满，时长1分钟。）

学习目标：掌握新闻播音的语言样式：宣读式、播报式、谈话式。能够运用宣读式、播报式、谈话式对不同的时政新闻稿件进行播音。

案例导入：颜琳和谭骏同时到某电视台的新闻节目组实习，几次试镜后，谭骏被正式聘用，而颜琳一直没能上节目，最后离开了。颜琳说，谭骏什么样的新闻都能播，无论是新闻还是公告、通知、名单、简历等，而自己播什么都是一种方式一个腔调，后悔没有用功练习。那么，公告、通知、名单、简历该怎么播？时政新闻的播报有哪些语言样式呢？

新闻播音的基本语言样式有宣读式、播报式和谈话式三种。宣读式播音也适用于大型会议、集会，宣传车的通告、法律法规条文宣读等。

一、宣读式

在播音时体现出郑重宣告的效果，常用于政令、公告、通告、讣告、命令、通缉令、通知、名单、简历、法律法规条文、电文等。鉴于其严肃性，播出时不能随意改动，需一字不差地原文播出。

宣读式播音时，播音员代表媒体和政府发声，既要体现发布新闻的新鲜感，又要体现发布重要新闻的严肃、庄重性。语言规整性要求高、口腔控制力度大、气息控制稳、语速相对平缓。由于它对气、声、字、组句的要求很高，是播音员语言基本功的必修课。

宣读式播音要求对宣读内容的理解力强，语言表达准确、清楚。

另外，根据宣读内容的不同，如贺电、讣告、命令和简历等，感情和语气也不同，需要正确把握和体现。特别是讣告的播音，要求声音低沉、语速较慢，播音员本人一定要沉浸在深深的悲痛中。

二、播报式

播报式是新闻播音的常用样式。“规整自如”是这种样式的基本特色，既热情、准确、简洁，又流畅自如。

三、谈话式

谈话式又称说新闻，“轻松自如”是这种样式的显著特点。它在保持新闻语言准确、简洁的前提下，尽可能多地保留说话般的轻松自然。该样式经常用于记者、主持人的现场采访报道中、新闻节目主持人的串联语、社会民生新闻或新闻综述等新闻栏目中。

课堂训练

1. 宣读式训练材料

例稿1.1.5

十三届全国人大一次会议在京闭幕
习近平发表重要讲话

中华人民共和国第十三届全国人民代表大会第一次会议，在圆满完成各项议程，产生新一届国家机构组成人员后，20 日上午在人民大会堂闭幕。

大会号召，让我们更加紧密地团结在以习近平同志为核心的党中央周围，高举中国特色社会主义伟大旗帜，深入学习贯彻习近平新时代中国特色社会主义思想，全面贯彻落实党的十九大和十九届一中、二中、三中全会精神，勠力同心，锐意进取，为完成本次会议确定的任务，为决胜全面建成小康社会、夺取新时代中国特色社会主义伟大胜利、实现中华民族伟大复兴的中国梦而努力奋斗。

中共中央总书记、国家主席、中央军委主席习近平在会上发表重要讲话。他表示，这次大会选举我继续担任中华人民共和国主席，我对各位代表和全国各族人民给予我的信任，表示衷心的感谢。担任中华人民共和国主席这一崇高职务，使命光荣，责任重大。我将一如既往，忠实履行宪法赋予的职责，忠于祖国，忠于人民，恪尽职守，竭尽全力，勤勉工作，赤诚奉献，做人民的勤务员，接受人民监督，决不辜负各位代表和全国各族人民的信任和重托。

习近平强调，一切国家机关工作人员，无论身居多高的职位，都必须牢记我们的共和国是中华人民共和国，始终要把人民放在心中最高的位置，始终全心全意为人民服务，始终为人民利益和幸福而努力工作。

十三届全国人大常委会委员长、副委员长、秘书长担任大会执行主席，并在主席台前排就座。他们是：栗战书、王晨、曹建明、张春贤、沈跃跃、吉炳轩、艾力更·依明巴海、万鄂湘、陈竺、王东明、白玛赤林、丁仲礼、郝明金、蔡达峰、武维华、杨振武。

李克强、汪洋、王沪宁、赵乐际、韩正、王岐山等党和国家领导人出席会议。

张德江、俞正声、张高丽等在主席台就座。

会议应出席代表 2980 人，出席 2962 人，缺席 18 人，出席人数符合法定人数。

闭幕会由大会执行主席、十三届全国人大常委会委员长栗战书主持。

……

（2018 年 3 月 21 日《人民日报》）

2. 播报式训练材料

例稿1.1.6

南方降雨降温 北方冷空气活动频繁

这两天，我国南方雨势不减，湖南、浙江等地局部出现大到暴雨。在江西上饶，大暴雨导致城区低洼道路出现严重内涝，积水最深处快 1 米，给市民出行带来影响。

与此同时，在北方地区，冷空气活动频繁。在甘肃阿克塞当金山地区，降雪导致 250 多辆大型货车滞留。

目前，降雪还在持续，积雪厚度已达 40 厘米。当地正在紧急开展除冰铲雪工作，由于雪情较大，道路暂时无法通行。

中央气象台预计，明后两天，较强降雨将主要集中在华南地区。华北、东北等地有 4 级左右的偏北风，内蒙古东部、东北部分地区降温在 10℃以上。

(2017 年 4 月 10 日中央电视台《新闻联播》)

任务拓展

1. 选择课堂训练例稿，运用宣读式播音录制公告、贺电、通知等稿件各一条。

2. 自主编选一组时政新闻稿件，制作成一档电台新闻播音节目。要求播报样式恰当、基调准确、状态积极，语言准确、清晰、流畅，时长 5 分钟。

问题思考

1. 宣读式、播报式分别适用于什么样的稿件？

2. 宣读式、播报式播音的目的和效果有何不同？

评价方法

考核表

考核模块	考核内容	考核方式	考核点	分值
(一)知识与技能目标	1. 对所学时政新闻播报语言样式理论知识进行回顾、总结;	理论测验	1. 准确说出时政新闻播报的常用样式及播报要求;	10
	2. 对例稿《关于庆祝西藏自治区成立50周年的贺电》进行播报;	技能训练	2. 掌握宣读式播报的语言特点; 3. 播报状态积极，基调正确; 4. 叙事清楚、层次分明、新鲜感强; 5. 语音规范，播报流畅;	20
	3. 以小组为单位，自选稿件制作一期时政新闻广播播音节目，时长5分钟。	作品评审	6. 策划、文稿、节目播出单齐全; 7. 节目导向正确，主题突出; 8. 针对不同稿件，播音方式运用得当; 9. 主持状态积极、语音规范、播报清晰流畅; 10. 节目完整、音乐协调。	50
(二)过程与方法目标	合作完成节目成品的过程表现。		1. 获取、搜集、整理信息，甄选有价值的信息; 2. 制订、实施工作计划; 3. 分析、发现、解决问题; 4. 具有运用理论知识的能力; 5. 及时完成工作任务。	10
(三)情感态度、价值观目标	出勤纪律、工作态度(违反第一条，10分全无)。		1. 遵守工作纪律，自我约束力强，不迟到、早退、旷课; 2. 有职业道德与社会责任感; 3. 有较强的新闻敏感性，有一定的新闻工作者的人文关怀意识; 4. 语言沟通能力、组织协调能力强，与团队成员团结协作，共同完成工作任务; 5. 实事求是地完成工作评价，给出合理分值。	10
评分标准: 优90—100，良80—89，合格60—79 总分=自我评分(20%)+小组评分(30%)+教师评分(50%)				
改进建议				

任务3　时政新闻播报的态度分寸

课前热身: 复述例稿中的一条新闻，并简要评论。(要求新闻要素齐全，并作简要评论；内容完整准确、观点正确，语言流畅、精练，情绪饱满；时长1分钟。)

学习目标: 了解时政新闻的含义，掌握时政新闻播报的特征及备稿方法，运用时政新闻播报的备稿方法对一组时政新闻进行播报前的准备。

案例导入：同学们第一次进行新闻播报上镜实训，对节目内容、上镜的服装、化妆都做了精心准备，跃跃欲试。刘琦同学第一个走到主播台，可几条新闻播下来，语气、语调完全一样，单调死板，面无表情。究其原因，一是紧张，二是她认为播新闻不需要感情。你同意她的观点吗?

一、新闻节目主持人对受众的态度情感

新闻节目主持人对受众要热情、尊重，情绪饱满；要睿智、高雅、明辨是非；要把自己培养成为具有个性风格、个人魅力的主持人。

二、新闻播报的舆论导向与主持人态度情感的关系

世界上没有无目的的话语，有目的便会有思想、态度、感情。新闻播报的导向即播音员、主持人在新闻播报中所表达出的思想、态度、感情。

三、新闻报道的客观性

真实是新闻的生命。我们首先必须尊重新闻事实、用事实说话，报道真人、真事，这是赢得受众信任的基石。

张颂教授在《朗读美学》一书中说：“报道，就是把已见的事实经过选择、加工形成文本传播出去。在这个过程中，不可避免地融入了报道者的主观意识、思想倾向、审美理想。事实本身没有改变，事实的意义却产生了明显的差别，有时，对同一事实会有两种截然相反的态度。关键是用怎样的世界观和方法论来面对事实、认识事实、揭示事实、报道事实。新闻报道是各种媒介的权力，每一种媒介必定有每一种媒介的价值观体系，必然会有意无意地、自觉不自觉地把这种价值观体系作为新闻报道的指导思想。”

四、在新闻播报时应有的情感态度

只有真正理解新闻内容，熟悉新闻背景，明确播出目的，才能播得态度鲜明，分寸得当；才能让节目具有感染力，真正发挥鼓舞受众、引导受众的作用。新闻播音员应该是成熟的，充满智慧的，懂得新闻的内涵，给人信赖感，特别是在重大事件和敏感话题的新闻播报上更要分寸得当。

一名优秀的新闻主播，应该具有审美情趣、价值判断力：要热情赞扬国家和社会发展取得的新成就、新变化，弘扬良好的社会风尚，贬斥假丑恶；在自然灾害面前，要富有同情心、正义感；在播报地区和国际新闻事件时，能够根据我国的法律、政策，很好地体现新闻播音客观、公正的态度和立场。

课堂训练

例稿1.1.7

西藏自治区成立50周年庆祝大会隆重举行

50年栉风沐雨，50载春华秋实。8日上午，西藏各族各界干部群众约2万人欢聚拉萨市布达拉宫广场，热烈庆祝西藏自治区成立50周年。中共中央总书记、国家主席、中央军委主席习近平在贺匾上题词“加强民族团结建设美丽西藏”。

上午10时，庆祝大会开始。全场起立，奏唱国歌，鲜艳的五星红旗在布达拉宫广场冉冉升起。少先队员向在主席台上的中央代表团领导献上鲜花，表达西藏各族人民的诚挚敬意。

中共中央政治局委员、国务院副总理、中央代表团副团长刘延东宣读了中共中央、全国人大常委会、国务院、全国政协、中央军委关于庆祝西藏自治区成立50周年的贺电。

随后，举行了充满吉祥喜庆气氛的盛大群众游行。

（2015年9月8日中央电视台《新闻联播》）

训练提示：西藏解放前，农奴的命运是十分悲惨的，新中国让百万农奴翻身做了主人。只有了解这段历史，才能从内心产生更加真挚的民族情感，真诚地抒发对西藏发展的美好祝愿，这就是播报这条新闻时对播音员的情感要求。

播音时要充分体现西藏解放后发生的巨大变化、党和政府对西藏发展的高度重视、各族人民对西藏同胞的美好祝愿。

例稿1.1.8

花市俏 灯会闹 扮靓都市迎年到

春节越来越近，热闹忙碌的氛围中，花香浓了，灯会亮了。不经意间，买花看灯的人们发现：年，真的就快到了。

广州的年味弥漫着花香，逛花市是春节必不可少的。在广州荔枝湾，火了几百年的水上花市又开张了。

明朝末年，春节里就有人用船装着年花，在荔枝湾停船上岸、摆摊卖花。

一进腊月门儿，山东青州的年宵花市场就异常火爆，1 800万盆鲜花在这里交易。今年，以往从国外进口的大花蕙兰等花卉，已全部由本地花农繁育上市，各种热带、亚热带新品种，乐坏了买花人。

在海南海口，700 年骑楼老街装点一新，当地把春节联欢晚会搬到了街上，整条大街都是舞台，现代化的灯光布景、充满年味的特色装饰，让古色古香的老街有了新色彩，让乡愁有了新寄托。

南京的秦淮灯会也在昨晚正式点亮，灯组数量从去年的 90 多组增加到 140 多组，既有传统经典灯组，也有融合了时尚创意元素的全新设计灯组，夜幕下，十里秦淮美不胜收。

（2017 年 1 月 24 日中央电视台《新闻联播》）

训练提示：节日是欢乐的，这条新闻也为欢乐的节日增添了浓浓的喜庆。播音员要想象自己身处各地欢乐、祥和的花市、灯会，用欢快喜悦、热情洋溢的声音把节日喜庆的气氛、各地不同的节庆民俗传达出来。

例稿1.1.9

习近平就载有巴西足球运动员的玻利维亚民航包机失事

向巴西总统特梅尔和玻利维亚总统莫拉莱斯致慰问电

国家主席习近平 11 月 30 日分别向巴西总统特梅尔、玻利维亚总统莫拉莱斯致慰问电，就当地时间 29 日玻利维亚航空公司一架民航包机失事向遇难者表示深切的哀悼，并通过特梅尔总统、莫拉莱斯总统向伤者和遇难者家属表示诚挚的慰问。

（2016 年 11 月 30 日中央电视台《新闻联播》）

训练提示：这则新闻的基调应该是沉重、关切的。

任务拓展

1. 选择训练例稿，编辑、播音、制作成一档完整的时政新闻播报节目。
2. 自选题材，采访、写稿、编辑、播音、制作成一期完整的时政新闻广播节目。
3. 时长 5 分钟。

问题思考

1. 时政新闻播报千篇一律，不需要感情吗？
2. 你认为新闻播报的舆论导向是怎样通过播音员的态度、感情来体现的呢？

评价方法

考核表

考核模块	考核内容	考核方式	考核点	分值
（一）知识与技能目标	1. 对所学时政新闻播报的态度分寸、理论知识进行回顾、总结；	理论测验	1. 准确把握时政新闻播报的态度分寸；	10
	2. 对例稿进行模拟播报；	技能训练	2. 掌握时政新闻播报的态度分寸要求； 3. 播报状态积极、字正腔圆、有感染力； 4. 感情、态度鲜明，分寸把握得当； 5. 叙事清楚、新鲜感强；	20
	3. 以小组为单位，策划一期时政新闻广播节目，时长 5 分钟。	作品评审	6. 策划、文稿、节目播出单齐全； 7. 播报状态积极，基调正确； 8. 不同稿件播报时态度分寸把握得当； 9. 语音规范、播报流畅； 10. 节目编排合理、制作精良。	50
（二）过程与方法目标	合作完成节目成品的过程表现。		1. 获取、搜集、整理信息，甄选有价值的信息； 2. 制订、实施工作计划； 3. 分析、发现、解决问题； 4. 具有运用理论知识的能力； 5. 及时完成工作任务。	10
（三）情感态度、价值观目标	出勤纪律、工作态度（违反第一条，10 分全无）。		1. 遵守工作纪律，自我约束力强，不迟到、早退、旷课； 2. 有职业道德与社会责任感； 3. 有较强的新闻敏感性，有一定的新闻工作者的人文关怀意识； 4. 语言沟通能力、组织协调能力强，与团队成员团结协作，共同完成工作任务； 5. 实事求是地完成工作评价，给出合理分值。	10
评分标准：优 90—100 分，良 80—89 分，及格 60—79 分 总分 = 自我评分（20%）+小组评分（30%）+教师评分（50%）				
改进建议				

任务 4　时政新闻播报综合训练

学习目标： 强化对宣读式、播报式、谈话式播音的驾驭能力，强化对时政新闻播报的态度分寸的把握能力，运用所学知识完成例稿播报训练、上镜播报训练，自主策划、采访、编辑、播音，制作时政新闻播报节目。

训练例稿

例稿1.1.10

习近平致信祝贺“2015·北京人权论坛”开幕

“2015·北京人权论坛”16日在京开幕。国家主席习近平发来贺信，强调实现人民充分享有人权是人类社会的共同奋斗目标，要加强不同文明交流互鉴，促进各国人权交流合作，推动各国人权事业更好发展。

习近平在贺信中指出，近代以后，中国人民历经苦难，深知人的价值、基本人权、人格尊严对社会发展进步的重大意义，倍加珍惜来之不易的和平发展环境，将坚定不移走和平发展道路、坚定不移推进中国人权事业和世界人权事业。

习近平强调，人权保障没有最好，只有更好。国际社会应该积极推进世界人权事业，尤其是要关注广大发展中国家民众的生存权和发展权。中国人民正在为实现中华民族伟大复兴的中国梦而奋斗，这将在更高水平上保障中国人民的人权，促进人的全面发展。

（2015 年 9 月 16 日中央电视台《新闻联播》）

例稿1.1.11

俄载人飞船与空间站成功对接

23 号，俄罗斯“联盟 TMA–17M”载人飞船搭载“联盟 –FG”运载火箭，在位于哈萨克斯坦的拜科努尔发射升空，向国际空间站运送 3 名驻站宇航员。飞船在北京时间今天上午与空间站成功对接。

本次飞赴国际空间站的三人分别来自俄罗斯、美国和日本。其中，俄罗斯人科诺年科曾完成两次国际空间站值守任务，而美国和日本的宇航员是首次飞赴国际空间站。

按照原计划，三名宇航员本应在 5 月 26 号抵达国际空间站执行任务。但是今年 4 月，俄罗斯“进步”号货运飞船发射失败，今年一系列往返国际空间站的任务都随之调整了时间，本次载人飞船发射日期被推迟了近 2 个月。

（2015 年 7 月 23 日中央电视台《新闻联播》）

例稿1.1.12

习近平就我国接任金砖国家主席国致信其他金砖国家领导人

1月1日,国家主席习近平就中国正式接任金砖国家主席国致信俄罗斯总统普京、南非总统祖马、巴西总统特梅尔、印度总理莫迪，向四国领导人介绍中方担任主席国期间推进金砖国家合作进程的设想。

习近平指出,中国将于2017年9月在福建省厦门市举办金砖国家领导人第九次会晤。在各成员国共同努力下,金砖国家合作成功走过了第一个十年，在政治、经济、人文等诸多领域结出丰富成果。领导人会晤进程不断迈出新步伐，为金砖国家合作注入新的动力。金砖国家堪称新兴市场国家和发展中国家合作的典范，为各成员国人民带来福祉，为促进世界经济增长、完善全球治理、推动国际关系民主化作出重要贡献。

习近平强调，2017年，金砖国家合作将开启第二个十年。展望未来，金砖国家合作将取得更大发展，也将在国际事务中发挥更大作用。当前，全球挑战突出，国际形势中不确定、不稳定因素增加，金砖国家要加强团结合作，维护共同利益。作为2017年金砖国家主席国，中方期待同各成员国一道，围绕“深化金砖伙伴关系，开辟更加光明未来”的主题，凝聚合作共识，规划合作蓝图。为此，希望厦门会晤重点在以下方面取得进展：一是深化务实合作，促进共同发展；二是加强全球治理，共同应对挑战；三是开展人文交流，夯实民意基础；四是推进机制建设，构建更广泛伙伴关系。中方将秉持开放包容、合作共赢的金砖精神，同各成员国携手并肩，推动厦门会晤取得成功，推动金砖国家合作迈上新的台阶。

金砖国家合作机制成立于2006年。自2009年首次领导人会晤以来，迄今已举行八次领导人会晤。习近平在新年伊始致信其他金砖国家领导人，正式拉开2017年金砖国家“中国年”的大幕，标志着中国作为金砖国家主席国的工作已经全面启动。

(2017年1月1日中央电视台《新闻联播》)

例稿1.1.13

习近平就洛伊特哈德就任2017年度瑞士联邦主席致贺电

1月1日，国家主席习近平就多丽丝·洛伊特哈德就任2017年度瑞士联邦主席致贺电。

习近平在贺电中指出，当前，中瑞关系呈现深入发展的良好势头，双方政治互信不断巩固，经贸、金融等领域务实合作持续深化，人文交流日趋活跃。我高度重视中瑞关系发展，愿同你共同努力，充实中瑞创新战略伙伴关系内涵，推动两国关系向更高水平发展。

(2017 年 1 月 1 日中央电视台《新闻联播》)

例稿1.1.14

李克强：多种制度解决“因病致贫”不让一家倒下

十三届全国人大一次会议今日闭幕。会后，国务院总理李克强会见中外记者并回答记者提问。提及因病致贫问题，李克强表示，要用大病保险等多种制度，不让一个人患大病，全家都倒下。

李克强指出，过去几年，我国构建了世界最大医保网，中国还有 3 000 多万贫困人口，很多是大病致贫，或大病返贫。所以，在巩固基本医保基础上，要把治大病问题作为重点来抓。

李克强介绍，今年将继续加大力度，提高的财政对基本医保的补助资金，一半用于大病保险，至少要使 2 000 万人以上享受大病保险，且扩大大病保险病种。同时，通过发展“互联网 + 医疗”、医联体等措施，把优质医疗资源下沉，让更多的大病患者能方便得到优质医疗资源服务。

今年春节前我到地方调研慰问，路过一个贫困人口家庭，临时进去，看到老人有大病，也有医保卡，但还是不敢去看。这个情景至今挥之不去。的确，常说病来如山倒，我们就是要运用大病保险等多种制度，不让一个人患大病，全家都倒下。

(2018 年 3 月 20 日中国网)

例稿1.1.15

国际联播快讯

数万韩民众集会抗议总统“好友干政”

数万韩国民众 5 号在首尔集会，抗议韩国总统朴槿惠“好友干政”事件，要求朴槿惠下台。光州、庆州、大邱、釜山等多地也举行了示威活动。朴槿惠继上月 25 号就“好友干政”事件向国民道歉后，4 号再次道歉，并表示愿放弃总统豁免权接受检方调查。最新民调显示，朴槿惠支持率降至 5%，创下历届总统支持率最低纪录。

德国军方确认军队遭极端分子渗透

据德国媒体 5 号报道，德国军事反间谍局已经从德国国防军中查出 20 名极端主义分子，这些极端分子渗透进入德军队是为了获得先进的军事训练方法。军事反间谍局发言人随后确认了这一消息，并表示还有60起疑似事件正在调查中。该机构此前曾警告说国防军存在被极端组织用作“训练营”的可能。根据德国现行法律，士兵入伍后才能对其进行安全审查。

穆雷锁定网球男单世界排名第一

因对手因伤退赛，29岁的英国网球选手穆雷5号不战而胜，挺进巴黎网球大师赛男单决赛。这一结果意味着，在即将公布的新一期男子职业网球协会世界排名中，穆雷将超越德约科维奇，锁定世界头名位置。由此，持续了12年的由费德勒、纳达尔和德约科维奇轮流把持男子网坛世界第一的局面将被打破。

（2016年11月6日央视网《新闻联播》）

例稿1.1.16

中共中央关于修改宪法部分内容的建议

全国人民代表大会常务委员会：

根据新时代坚持和发展中国特色社会主义的新形势新实践，中国共产党中央委员会提出关于修改《中华人民共和国宪法》部分内容的建议如下：

一、宪法序言第七自然段中“在马克思列宁主义、毛泽东思想、邓小平理论和‘三个代表’重要思想指引下”修改为“在马克思列宁主义、毛泽东思想、邓小平理论、‘三个代表’重要思想、科学发展观、习近平新时代中国特色社会主义思想指引下”；“健全社会主义法制”修改为“健全社会主义法治”；在“自力更生，艰苦奋斗”前增写“贯彻新发展理念”；“推动物质文明、政治文明和精神文明协调发展，把我国建设成为富强、民主、文明的社会主义国家”修改为“推动物质文明、政治文明、精神文明、社会文明、生态文明协调发展，把我国建设成为富强民主文明和谐美丽的社会主义现代化强国，实现中华民族伟大复兴”。这一自然段相应修改为：“中国新民主主义革命的胜利和社会主义事业的成就，是中国共产党领导中国各族人民，在马克思列宁主义、毛泽东思想的指引下，坚持真理，修正错误，战胜许多艰难险阻而取得的。我国将长期处于社会主义初级阶段。国家的根本任务是，沿着中国特色社会主义道路，集中力量进行社会主义现代化建设。中国各族人民将继续在中国共产党领导下，在马克思列宁主义、毛泽东思想、邓小平理论、‘三个代表’重要思想、科学发展观、习近平新时代中国特色社会主义思想指引下，坚持人民民主专政，坚持社会主义道路，坚持改革开放，不断完善社会主义的各项制度，发展社会主义市场经济，发展社会主义民主，健全社会主义法治，贯彻新发展理念，自力更生，艰苦奋斗，逐步实现工业、农业、国防和科学技术的现代化，推动物质文明、政治文明、精神文明、社会文明、生态文明协调发展，把我国建设成为富强民主文明和谐美丽的社会主义现代化强国，实现中华民族伟大复兴。”

二、宪法序言第十自然段中“在长期的革命和建设过程中”修改为“在长期的革命、建设、改革过程中”；“包括全体社会主义劳动者、社会主义事业的建设者、拥护社会主义的爱国者和拥护祖国统一的爱国者的广泛的爱国统一战线”修改为“包括全体社会主义劳动者、社会主义事业的建设者、拥护社会主义的爱国者、拥护祖国统一和致力于中华民族伟大复兴的爱国者的广泛的爱国统一战线”。这一自然段相应修改为：“社会主义的建设事业必须依靠工人、农民和知识分子，团结一切可以团结的力量。在长期的革命、建设、改革过程中，已经结成由中国共产党领导的，有各民主党派和各人民团体参加的，包括全体社会主义劳动者、社会主义事业的建设者、拥护社会主义的爱国者、拥护祖国统一和致力于中华民族伟大复兴的爱国者的广泛的爱国统一战线，这个统一战线将继续巩固和发展。中国人民政治协商会议是有广泛代表性的统一战线组织，过去发挥了重要的历史作用，今后在国家政治生活、社会生活和对外友好活动中，在进行社会主义现代化建设、维护国家的统一和团结的斗争中，将进一步发挥它的重要作用。中国共产党领导的多党合作和政治协商制度将长期存在和发展。”

三、宪法序言第十一自然段中“平等、团结、互助的社会主义民族关系已经确立，并将继续加强。”修改为：“平等团结互助和谐的社会主义民族关系已经确立，并将继续加强。”

四、宪法序言第十二自然段中“中国革命和建设的成就是同世界人民的支持分不开的”修改为“中国革命、建设、改革的成就是同世界人民的支持分不开的”；“中国坚持独立自主的对外政策，坚持互相尊重主权和领土完整、互不侵犯、互不干涉内政、平等互利、和平共处的五项原则”后增加“坚持和平发展道路，坚持互利共赢开放战略”；“发展同各国的外交关系和经济、文化的交流”修改为“发展同各国的外交关系和经济、文化交流，推动构建人类命运共同体”。这一自然段相应修改为：“中国革命、建设、改革的成就是同世界人民的支持分不开的。中国的前途是同世界的前途紧密地联系在一起的。中国坚持独立自主的对外政策，坚持互相尊重主权和领土完整、互不侵犯、互不干涉内政、平等互利、和平共处的五项原则，坚持和平发展道路，坚持互利共赢开放战略，发展同各国的外交关系和经济、文化交流，推动构建人类命运共同体；坚持反对帝国主义、霸权主义、殖民主义，加强同世界各国人民的团结，支持被压迫民族和发展中国家争取和维护民族独立、发展民族经济的正义斗争，为维护世界和平和促进人类进步事业而努力。”

五、宪法第一条第二款“社会主义制度是中华人民共和国的根本制度。”后增写一句，内容为：“中国共产党领导是中国特色社会主义最本质的特征。”

六、宪法第三条第三款“国家行政机关、审判机关、检察机关都由人民代表大会产生，对它负责，受它监督。”修改为：“国家行政机关、监察机关、审判机关、检察机关都由人民代表大会产生，对它负责，受它监督。”

七、宪法第四条第一款中“国家保障各少数民族的合法的权利和利益，维护和发展各民族的平等、团结、互助关系。”修改为：“国家保障各少数民族的合法的权利和利益，维护和发展各民族的平等团结互助和谐关系。”

八、宪法第二十四条第二款中“国家提倡爱祖国、爱人民、爱劳动、爱科学、爱社会主义的公德”修改为“国家倡导社会主义核心价值观，提倡爱祖国、爱人民、爱劳动、爱科学、爱社会主义的公德”。这一款相应修改为：“国家倡导社会主义核心价值观，提倡爱祖国、爱人民、爱劳动、爱科学、爱社会主义的公德，在人民中进行爱国主义、集体主义和国际主义、共产主义的教育，进行辩证唯物主义和历史唯物主义的教育，反对资本主义的、封建主义的和其他的腐朽思想。”

九、宪法第二十七条增加一款，作为第三款：“国家工作人员就职时应当依照法律规定公开进行宪法宣誓。”

十、宪法第六十二条“全国人民代表大会行使下列职权”中增加一项，作为第七项“（七）选举国家监察委员会主任”，第七项至第十五项相应改为第八项至第十六项。

十一、宪法第六十三条“全国人民代表大会有权罢免下列人员”中增加一项，作为第四项“（四）国家监察委员会主任”，第四项、第五项相应改为第五项、第六项。

十二、宪法第六十五条第四款“全国人民代表大会常务委员会的组成人员不得担任国家行政机关、审判机关和检察机关的职务。”修改为：“全国人民代表大会常务委员会的组成人员不得担任国家行政机关、监察机关、审判机关和检察机关的职务。”

十三、宪法第六十七条“全国人民代表大会常务委员会行使下列职权”中第六项“（六）监督国务院、中央军事委员会、最高人民法院和最高人民检察院的工作”修改为“（六）监督国务院、中央军事委员会、国家监察委员会、最高人民法院和最高人民检察院的工作”；增加一项，作为第十一项“（十一）根据国家监察委员会主任的提请，任免国家监察委员会副主任、委员”，第十一项至第二十一项相应改为第十二项至第二十二项。

十四、宪法第七十九条第三款“中华人民共和国主席、副主席每届任期同全国人民代表大会每届任期相同，连续任职不得超过两届。”修改为：“中华人民共和国主席、副主席每届任期同全国人民代表大会每届任期相同。”

十五、宪法第八十九条“国务院行使下列职权”中第六项“（六）领导和管理经济工作和城乡建设”修改为“（六）领导和管理经济工作和城乡建设、生态文明建设”；

第八项"（八）领导和管理民政、公安、司法行政和监察等工作"修改为"（八）领导和管理民政、公安、司法行政等工作"。

十六、宪法第一百条增加一款，作为第二款："设区的市的人民代表大会和它们的常务委员会，在不同宪法、法律、行政法规和本省、自治区的地方性法规相抵触的前提下，可以依照法律规定制定地方性法规，报本省、自治区人民代表大会常务委员会批准后施行。"

十七、宪法第一百零一条第二款中"县级以上的地方各级人民代表大会选举并且有权罢免本级人民法院院长和本级人民检察院检察长。"修改为："县级以上的地方各级人民代表大会选举并且有权罢免本级监察委员会主任、本级人民法院院长和本级人民检察院检察长。"

十八、宪法第一百零三条第三款"县级以上的地方各级人民代表大会常务委员会的组成人员不得担任国家行政机关、审判机关和检察机关的职务。"修改为："县级以上的地方各级人民代表大会常务委员会的组成人员不得担任国家行政机关、监察机关、审判机关和检察机关的职务。"

十九、宪法第一百零四条中"监督本级人民政府、人民法院和人民检察院的工作"修改为"监督本级人民政府、监察委员会、人民法院和人民检察院的工作"。这一条相应修改为："县级以上的地方各级人民代表大会常务委员会讨论、决定本行政区域内各方面工作的重大事项；监督本级人民政府、监察委员会、人民法院和人民检察院的工作；撤销本级人民政府的不适当的决定和命令；撤销下一级人民代表大会的不适当的决议；依照法律规定的权限决定国家机关工作人员的任免；在本级人民代表大会闭会期间，罢免和补选上一级人民代表大会的个别代表。"

二十、宪法第一百零七条第一款"县级以上地方各级人民政府依照法律规定的权限，管理本行政区域内的经济、教育、科学、文化、卫生、体育事业、城乡建设事业和财政、民政、公安、民族事务、司法行政、监察、计划生育等行政工作，发布决定和命令，任免、培训、考核和奖惩行政工作人员。"修改为："县级以上地方各级人民政府依照法律规定的权限，管理本行政区域内的经济、教育、科学、文化、卫生、体育事业、城乡建设事业和财政、民政、公安、民族事务、司法行政、计划生育等行政工作，发布决定和命令，任免、培训、考核和奖惩行政工作人员。"

二十一、宪法第三章"国家机构"中增加一节，作为第七节"监察委员会"；增加五条，分别作为第一百二十三条至第一百二十七条。内容如下：

第七节　监察委员会

第一百二十三条　中华人民共和国各级监察委员会是国家的监察机关。

第一百二十四条　中华人民共和国设立国家监察委员会和地方各级监察委员会。

监察委员会由下列人员组成：

主任，

副主任若干人，

委员若干人。

监察委员会主任每届任期同本级人民代表大会每届任期相同。国家监察委员会主任连续任职不得超过两届。

监察委员会的组织和职权由法律规定。

第一百二十五条　中华人民共和国国家监察委员会是最高监察机关。

国家监察委员会领导地方各级监察委员会的工作，上级监察委员会领导下级监察委员会的工作。

第一百二十六条　国家监察委员会对全国人民代表大会和全国人民代表大会常务委员会负责。地方各级监察委员会对产生它的国家权力机关和上一级监察委员会负责。

第一百二十七条　监察委员会依照法律规定独立行使监察权，不受行政机关、社会团体和个人的干涉。

监察机关办理职务违法和职务犯罪案件，应当与审判机关、检察机关、执法部门互相配合，互相制约。

第七节相应改为第八节，第一百二十三条至第一百三十八条相应改为第一百二十八条至第一百四十三条。

以上建议请全国人民代表大会常务委员会依照法定程序提出宪法修正案议案，提请第十三届全国人民代表大会第一次会议审议。

中国共产党中央委员会

2018年1月26日

（新华社2月25日电）

任务拓展

1. 选择训练例稿进行上镜训练，并编辑、制作成完整的时政新闻播报节目。

2. 以小组为单位，自主策划、采访、撰稿、编辑、播音，制作成一期时政新闻播报节目，口播部分可由学生独立或男女搭档对播完成，时长5分钟。

评价方法

考核表

考核模块	考核内容	考核方式	考核点	分值
（一）知识与技能目标	1. 对时政新闻播报理论知识进行回顾、总结；	理论测验	1. 准确说出时政新闻播报的定义、播报特点、语言特征、态度分寸；	10
	2. 策划、编辑、制作一期时政新闻播报节目；	技能训练	2. 掌握时政新闻的特征及备稿方法、播报的常用语言样式、调动感情和把握分寸的方法； 3. 语音规范、播报规整； 4. 基调正确、叙事清晰、重点突出； 5. 节目编排合理、音乐协调；	20
	3. 以小组为单位，策划、采访、拍摄、撰稿、编辑、播音，制作成一期时政新闻广播播音节目，时长5分钟。	作品评审	6. 运用时政新闻播报的备稿方法对时政新闻进行播报前的准备； 7. 运用宣读式和播报式对不同时政新闻稿件进行播音，运用正确的态度分寸播报时政新闻； 8. 策划、文稿、节目播出单齐全； 9. 节目导向正确，重点突出； 10. 语言规范、播报流畅，节目编排合理、制作精良。	50
（二）过程与方法目标	合作完成节目成品的过程表现。	综合评价	1. 能够获取、搜集、整理信息，甄选有价值的信息； 2. 制订、实施工作计划； 3. 分析、发现、解决问题； 4. 具有运用理论知识的能力； 5. 及时完成工作任务。	10
（三）情感态度、价值观目标	出勤纪律、工作态度（违反第一条，10分全无）。	综合评价	1. 遵守工作纪律，自我约束力强，不迟到、早退、旷课； 2. 有职业道德与社会责任感； 3. 有较强的新闻敏感性，有一定的新闻工作者的人文关怀意识； 4. 语言沟通能力、组织协调能力强，与团队成员团结协作，共同完成工作任务； 5. 实事求是地完成工作评价，给出合理分值。	10
评分标准：优 90—100 分，良 80—89 分，及格 60—79 分 总分 = 自我评分（20%）+小组评分（30%）+教师评分（50%）				
改进建议				

项目二　经济、科教新闻播报

任务1 经济、科教新闻播报的备稿

课前热身：认真听三条经济、科教新闻，听后作简要复述，并发表自己的看法。要求语言流畅、主题突出、逻辑性强；认真记录关键词，迅速理清消息内容的层次，整理讲话思路，做到出口成章。

学习目标：了解经济、科教新闻的含义、播报特点、备稿方法，掌握经济、科教新闻播报的主要特点及备稿方法，运用正确方法做好经济、科教新闻播报前的备稿。

案例导入：8月19日最后一次亮相深圳卫视《直播港澳台》节目，8月24日"惊艳"央视二套。据央视财经频道传来的消息，章艳在8月20日至22日连夜赶制样片，23日样片经央视领导同意，24日顺利播出。而按照惯例，一般的地方台主持人到央视，都会提前1个月到北京赶制样片，经台领导同意后，还只能到台里的边缘节目做备播而不是直接上主播台，经历一个礼拜的备播后，才有可能当上主播。而章艳省去这些过程，一跃成为央视二套最重头节目《经济信息联播》的新主播。深圳走出去的女主播在央视复制了"深圳速度"。

据央视财经频道相关人员说，很难找到像章艳这样既懂财经，又会英文，形象又天生国际化的主播。章艳的加盟，顺应了央视财经频道国际化的路线。

章艳的经历给了你怎样的启示？收看她主持的《经济信息联播》，分析怎样才能做到用通俗的语言讲述专业的财经资讯。当你面对专业性较强的稿件，你会如何做好播报前的准备呢？

随着人们生活的不断丰富，与人们生活息息相关的经济、科技、教育类资讯越来越受到受众的关注，越来越多的专业资讯类频道和节目应运而生，不断吸引着受众的眼球与耳朵，影响着社会和百姓的生活。

央视财经频道通过早间栏目《第一时间》、午间栏目《环球财经连线》和晚间栏目《经济半小时》《经济信息联播》，共同构筑起以财经资讯为核心内容的主线。深度财经版块的《中国财经报道》，主打深度财经事件调查与分析；《交易时间》实时同步连接市场，财经、证券讯息同步传递。优秀的财经新闻节目还包括凤凰卫视的《石评大财经》和《财经点对点》。

在科教领域，央视科教频道作为中国电视科教类专业频道，以"品质、内涵"为特色，努力探索实践，发挥国家级电视媒体的影响力和引导力，承担起弘扬主流价值观、引领文化发展的媒体责任，凭借新闻立台，特色科教节目成为观众喜爱的国家级电视频道。

作为一名新闻播音员，播报好专业性较强的经济、科教新闻的首要前提是对这类新闻进行全方位解析，把握其主要特点，认真做好播报前的准备工作。

一、何谓经济、科教新闻

经济、科教新闻是指及时、迅速地对经济领域、科技教育领域新近发生的具有一定社会意义或社会影响的事实所作的简要报道。

二、经济、科教新闻的主要特点

经济、科教新闻的主要特点是真实、新鲜、有价值、简明扼要、传播快捷、专业性强。

三、经济、科教新闻的备稿

备稿是播音员、主持人的基本功，那么经济、科教新闻播音该如何备稿呢?

首先，要熟悉新闻稿件结构，了解基本事实，把握住稿件的大体框架，理清文章的脉络。新闻稿件通常由导语、主体和结尾三部分组成。导语是稿件的总纲，播音时要状态积极，清晰地把重点表达出来，确定稿件基调；主体是新闻事实的展现部分，要流畅细致地展现新闻内容，语气稍显平缓；结尾是全篇的总结，通常有概括性的评价和展望，语气要明朗舒展，有明显的结束感。备稿时，划分层次有助于把握稿件各部分起承转合的语气变化，让播音层次分明，具有整体感。

其次，要把握新闻的具体内容。如主题是什么，产生于什么样的社会背景，有怎样的播出目的，在播出过程中应强调什么重点，播音应持有怎样的基调，等等。

最后，把握细节，抓住经济、科教新闻的关键词，掌握专业术语、重要数据，找准新闻点。此类新闻中的信息饱和度非常高，经常会出现很多人名、地名、时间、数字、专业术语等，因此，此类新闻是广播电视节目中最难播的，稍有懈怠就会出错。作为党的喉舌，新闻播音员代表着党和政府的形象，必须大气、稳重，不仅要普通话规范，还要口齿伶俐、字音清晰，尤其注意不能出错。央视新闻播音员邢质斌、罗京、李修平等人，播音几乎没有错误，从而塑造了他们可靠、权威的播音形象，赢得了广大受众的喜爱。“不出错”看似简单，实际上是很高的要求，需要播音员做好稿件的准备工作，熟悉稿件，做到心中有数，播音时要全神贯注，在重要的信息和拗口的词语上多加注意，把不认识的字的发音标注出来，提前了解不熟悉的专业术语和信息，只有保持这样严谨的作风，才有可能准确传达新闻的内涵。

课堂训练

例稿1.2.1

中国驻美大使馆：若美国执意打贸易战 中国将奉陪到底

美国总统特朗普22日签署总统备忘录，依据“301调查”结果，将对从中国进口的商品大规模征收关税，涉及征税的中国商品规模可达600亿美元。

中国驻美国大使馆对该事件发表了声明，以下是声明全文：

美方无视中美经贸关系互利共赢的本质和中美两国通过对话协商妥处分歧的共识，罔顾各方理性声音，执意推进“301调查”并公布所谓裁定，这是典型的单边贸易保护主义做法。中方对此强烈不满、坚决反对。

一直以来，中方本着相互尊重、合作共赢的原则，为解决中美经贸问题作出了大量努力，显示了极大诚意，并提出了合理建议。中方不希望打贸易战，但绝不惧怕贸易战，有信心、有能力应对任何挑战。如果美方执意要打，我们将奉陪到底，并采取所有必要措施坚决捍卫自身合法权益。

美方此举也将“搬起石头砸自己的脚”，直接损害美国消费者、公司企业和金融市场的利益，也会对国际贸易秩序和世界经济稳定造成负面影响。

希望美方悬崖勒马、慎重决策，不要把中美双边经贸关系拖入险境，以免从损人的目的出发，以害己的结果告终。

（2018年3月23日《环球时报》）

例稿1.2.2

中国载人航天全面迈入空间站时代

今天，国务院新闻办公室召开新闻发布会，中国载人航天工程办公室主任王兆耀表示，4月27日，我国首艘货运飞船“天舟一号”完成了对“天宫二号”的推进剂在轨补加试验任务，至此，我国载人航天工程空间实验室阶段任务全部完成，顺利地实现了“成功首飞、稳定运行、健康驻留、安全返回、顺利补加、成果丰硕”的任务目标。接下来，全面进入空间站的研制建设阶段。

王兆耀表示，目前我国空间站研制建设工作按照计划稳步推进，关键技术、方案都已经完成，正在进行相关飞行产品初样阶段的试验。

（2017年4月28日中央电视台《新闻联播》）

例稿1.2.3

国内联播快讯

2016年海关税收净入库15 388亿元

2016年全国海关实现税收净入库15 388亿元，其中，关税和进口环节税分别增长2.3%和2.6%。2016年我国外贸逐季回稳向好，保证了海关税收实现正增长。

2016年三沙植树200余万株

最新统计显示，海南省三沙市2016年在岛礁上共植树200多万株，成活率达85%。三沙设市以来，当地政府通过组织专家试验、安装海水淡化设备等多措施栽树。

江西实现全境流域生态补偿机制

2016年江西筹集下拨流域生态补偿资金20.91亿元，对鄱阳湖和赣江、抚河、信江、饶河、修河等五大河流，以及长江九江段和东江流域等进行生态补偿，100个县市区被纳入生态补偿考核。

北京：三环内无花炮零售点

记者日前从北京市安监局获悉，最新数据显示，2017年北京市许可烟花爆竹零售网点同比下降28.9%，三环内首次实现无零售网点。

去年海关侦办走私犯罪案件2633起

2016年全国海关共侦办走私犯罪案件2 633起，案值高达529.3亿元。2016年海关重点打击粮食、冻品等农产品走私，其中查证的走私大米等粮食多达36.6万吨，是上年的4倍。

公安边防"固边"行动全年缉毒超13吨

公安边防部队2016年开展"固边"系列行动：全年共查破毒品案件4 091起，缴获毒品13.16吨，此外，还查破走私案件7 623起，案值9.6亿元；查破偷渡案件785起，查获外籍非法出入境人员14 000多人。

(2017年1月15日中央电视台《新闻联播》)

例稿1.2.4

长征五号运载火箭首飞成功 新“长征”开启太空新征程

昨晚，随着新一代大运载火箭“长征五号”在中国文昌航天发射场首飞成功，中国运载火箭能力实现全新跨越，跻身世界前列。这枚采用全新结构和全新动力的大运载火箭，也成为中国从航天大国向航天强国迈进的重要标志。

20点43分，“长征五号”点火起飞，约30分钟后，载荷组合体与火箭成功分离，进入预定轨道。

而成功，来得并非一帆风顺。就在预定发射时间前一个小时，火箭的动力系统温度出现异常，排除故障的工作艰难推进，发射窗口几经推迟。即将点火之际，技术人员发现有些参数不是按照设想来工作，甚至出现重新读秒。直到最后一个时刻，问题圆满解决，新一代大运载火箭“长征五号”才顺利升上了太空。

相比于我国已有的火箭，“长征五号”最显著的变化在外形上。现役火箭的主体直径一般是3.35米，而长征五号的直径达到了5米。正是这样的身躯，使得“长征五号”具备近地轨道25吨、地球同步转移轨道14吨的运载能力，也使我国成为继美俄之后第三个具备这一运载能力的国家。

不同于常规火箭，“长征五号”采用无毒无污染的液氢液氧和液氧煤油发动机组合方案。在它800多吨的身体里，一半以上的重量来自零下253度的液氢和零下183度的液氧，因此它还被形象地称作“冰箭”。

为了研制这型全新的火箭，中国的航天人早在30年前就开始了技术探索，仅发动机的研制就历时近20年，进行的各类试验也不下千次。目前，“长征五号”全箭采用了247项核心关键新技术，新技术比例超过90%。

“长征五号”运载火箭首飞，也标志着中国航天能力的全面提升。未来，以“长征五号”为代表的新一代“长征家族”将逐步完成中国运载火箭的升级换代，也将成为中国航天迈向更远太空的基石。

（2016年11月4日中央电视台《新闻联播》）

训练提示：查找并标注出稿件中的生僻字→按照备稿要求熟悉稿件，找准基调→抓住每条稿件的重要信息点，运用停连、重音、节奏等外部语言技巧突出新闻的新鲜感→按照经济、科教新闻特点练习流畅播报。

任务拓展

1. 选择课堂训练例稿进行重新编辑，播音、制作一期完整的经济、科教新闻节目，时长3分钟。

2. 以小组为单位，自选经济、科教新闻稿件4—5条，编排顺序，播音、编辑、制作一期《经济科教新闻》节目，时长5分钟。

问题思考

1. 选择新近发生的经济、科教热点新闻各1条，分析其背景及传播目的。

2. 搜集一档优秀的经济、科教新闻节目视频，分析揣摩后做模拟训练，并分析自己与主持人的差距在哪里。

评价方法

考核表

<table>
<tr><th>考核模块</th><th>考核内容</th><th>考核方式</th><th>考核点</th><th>分值</th></tr>
<tr><td rowspan="3">（一）知识与技能目标</td><td>1. 对经济、科教新闻理论知识进行回顾、总结；</td><td>理论测验</td><td>1. 准确说出经济、科教新闻的含义、播报特点、备稿方法；</td><td>10</td></tr>
<tr><td>2. 对一组经济、科教新闻例稿进行播报；</td><td>技能训练</td><td>2. 掌握经济、科教新闻播报的主要特点及备稿方法；
3. 写出备稿分析笔记，步骤齐全、分析准确；
4. 基调正确、状态积极；
5. 语言规整流畅；</td><td>20</td></tr>
<tr><td>3. 自选素材，策划、采访、编辑、播音、制作一期经济、科教节目，时长5分钟。</td><td>作品评审</td><td>6. 运用备稿方法做好播报前的准备；
7. 节目导向、播音基调正确，重点突出；
8. 语音规范、语言规整、播报流畅；
9. 态度鲜明、简洁明快、语义清晰；
10. 策划、文稿、稿签齐全，节目编排合理、制作精良。</td><td>50</td></tr>
<tr><td>（二）过程与方法目标</td><td>合作完成节目成品的过程表现。</td><td rowspan="2">综合评价</td><td>1. 获取、搜集、整理信息，甄选有价值的信息；
2. 制订、实施工作计划；
3. 分析、发现、解决问题；
4. 具有运用理论知识的能力；
5. 及时完成工作任务。</td><td>10</td></tr>
<tr><td>（三）情感、态度、价值观目标</td><td>出勤纪律、工作态度（违反第一条，10分全无）。</td><td>1. 遵守工作纪律，自我约束力强，不迟到、早退、旷课；
2. 有职业道德与社会责任感；
3. 有较强的新闻敏感性，有一定的新闻工作者的人文关怀意识；
4. 语言沟通能力、组织协调能力强，与团队成员团结协作，共同完成工作任务；
5. 实事求是地完成工作评价，给出合理分值。</td><td>10</td></tr>
<tr><td colspan="5">评分标准：优90—100分，良80—89分，及格60—79分
总分＝自我评分（20%）＋小组评分（30%）＋教师评分（50%）</td></tr>
<tr><td>改进建议</td><td colspan="4"></td></tr>
</table>

任务2 经济、科教新闻播报的语言特征与技巧

课前热身：复述例稿中的一条新闻（要求表达流畅、个性化讲述）；就某一经济、科教新闻主题，尝试围绕“是什么”“为什么”“怎么做”展开小组间的辩论赛（要求观点鲜明、论述清楚，具有一定学科专业知识素养；时长8分钟。）

学习目标：了解经济、科教新闻播报的基本要求，掌握经济、科教新闻的语言特征及播报技巧，按照经济、科教新闻的播报要求播报经济、科教新闻。

案例导入：财经节目主播李梅在播报财经新闻时惯用港台腔、儿化音，经常使用俗语、非专业术语来进行新闻播报，有时还会在新闻播报中出现播报不流畅的情况，观众多次投诉，最终李梅被电视台辞退。这位主播为什么会被辞退？你认为经济、科教新闻播报有哪些具体要求和技巧？

一、经济、科教新闻播报的基本要求

1. 叙事要清楚

语句重音准确、停连得当；组织好句子，注意层次的转换与呼应，做到语句“归堆”、语义“抱团”。

2. 新鲜感要强

声音明亮轻松，字音饱满有力；语势长扬，语气明朗有兴致；节奏平稳、明快；膈肌活跃，气息带有明显的弹发跳跃感。

二、经济、科教新闻播报的语言特征

准确清晰、朴实无华、简洁明快、平稳顺畅、专业性强。

三、经济、科教新闻的播报技巧

1. 经济新闻的播报技巧

（1）深入理解、全面把握稿件内容；

（2）弄清楚稿件中的专业术语及名词，对于专业数据和专业知识要播报清晰、准确；

（3）注意停连重音的准确把握；

（4）语言朴实舒展、自然从容。

2. 科教新闻的播报技巧

（1）深入理解稿件内容，全面把握稿件结构；

（2）领会节目意图，让播出目的具体化；

（3）明确收听收视对象，摆正自己与受众的关系；

（4）表达要有针对性、服务性，朴实流畅、灵活自如，完成从文字语言到有声语言的二度创作。

课堂训练

例稿1.2.5

中国自主研发成功4 500米级深海遥控作业型潜水器

记者22日从科技部获悉，中国自主研制的首台4 500米级深海遥控无人潜水器作业系统“海马号”搭乘“海洋六号”综合科学考察船分三个航段在南海进行海上试验，并于4月18日通过了由863海洋技术领域办公室委派的海试现场专家组进行的海上验收。

此次海试的成功标志着中国掌握了大深度无人遥控潜水器的关键技术，并在关键技术国产化方面取得实质性的进展，是继“蛟龙号”之后中国深海高科技领域又一标志性成果。

“海马号”的研制是科技部通过“863计划”支持的重点项目，是中国迄今为止自主研发的下潜深度最大、国产化率最高的无人遥控潜水器系统，并实现了关键核心技术国产化。经过近6年的研发攻关，突破了本体结构、浮力材料、液压动力和推进、作业机械手和工具、观通导航、控制软硬件、升沉补偿装置等关键技术，先后完成了总装联调、水池试验和海上摸底试验等工作，并针对试验中暴露出的问题和故障进行了技术改进。

在三个阶段的海试中，“海马号”共完成17次下潜，3次到达南海中央海盆底部进行作业试验，最大下潜深度4 502米。完成水下布缆、沉积物取样、热流探针试验、OBS（海底地震仪）海底布放、海底自拍摄、标志物布放等多项任务，成功实现与水下升降装置联合作业，通过了定向、定高、定深航行等91项技术指标的现场考核。

下一步，科技部将会同国土资源部针对深海特殊环境探查作业、深海前沿领域科学研究的需求，加快推动4 500米深海作业系统的示范应用和成果转化，共同制定“海马号”的运行管理模式，推进中国海洋科技事业发展。

（2014年4月22日新华网）

训练提示：此次海试的成功是继“蛟龙号”之后中国深海高技术领域又一标志性成果，因而本条新闻入选2014年“中国十大科技进展”新闻。

第一段是导语，导语是引导之语。因此，“自主研制”“首台”“4 500米级”要作为重音来处理，“深海遥控无人潜水器作业系统”“南海”可作为次重音来把握。

第二、三、四段是新闻的主体。其中第二段体现了新闻的重要社会意义，要带着民族自豪感喜悦地播读。第三、四段是对“海马号”项目及海试过程的情况介绍，稿件中的专业术语及名词需要提前弄懂并在稿件上标注清楚，以便准确播读。播报清楚准确，不宜过于张扬。

最后一段是新闻的结尾段，交代了科技部下一阶段的行动计划，播读时清楚即可。新闻的结尾部分，按规律要写新闻事实的发展趋向，这条新闻同样如此，“加快推动4 500米深海作业系统的示范应用和成果转化”是结尾段中新闻价值目标所在，同时也是中国海洋科技事业发展的重要方向。

例稿1.2.6

一组经济、科教新闻

沪港通开启中国资本市场新时代

沪港通股票交易17日上午开锣。通过沪港通这条双向通行管道，两地资金涌向对方股市。这既有“北水南下”，也有“南水北上”，买卖均以人民币交收。

这是中国资本市场历史性的一刻。它标志着沪港两地股市顺应全球化和市场国际化的发展趋势实现互联互通、互惠互利。它既是香港金融市场发展的一个里程碑，更是A股对外开放迈出的关键一步，并有望实现“以开放促改革”，促进内地资本市场进一步改革。

首先，内地与香港的股票市场互补性非常强。香港是国际化股票市场，开放程度高，法制、监管等方面很成熟。内地是世界第二大经济体，上市公司数量多，融资需求大，有着庞大的投资者群体。另外，内地储蓄率高，居民投资理财的需求巨大。

因此，沪港通的建立可实现两地市场互补，互惠互利，顺应了金融市场国际化的发展趋势,既有利于促进香港的繁荣发展,也有利于健全内地资本市场机制,达到“一加一大于二”之效用。

其次，沪港通对香港资本市场是一个重要里程碑。一方面，金融服务业贡献了１６％的本地生产总值,沪港通将进一步增强香港资本市场的活力。业内人士估算，沪港通将为香港带来60多亿港元的印花税收入和120亿港元的证券佣金收入。

（2014年11月17日新华网）

深港通今天正式开通　首日运行平稳

深港通今天正式开通，纳入深港通交易范围的，包括在深交所上市的881只股票与在香港联交所上市的417只股票。

从成交数据来看，全天成交额超过35亿元人民币；从资金流向来看，香港投资内地股市的资金量要多于内地投资港股的资金量。整体来看，深港通开通首日运行平稳。

（2016年12月5日中央电视台《新闻联播》）

2020年我国将普及高中阶段教育

日前，教育部、国家发展改革委等四部门共同印发《高中阶段教育普及攻坚计划（2017—2020年）》，提出到2020年，全国普及高中阶段教育的发展总目标。

《攻坚计划》在全国普及高中阶段教育的总目标下，明确提出到2020年，全国、各省（区、市）毛入学率均达到90%以上；普通高中与中等职业教育结构更加合理，招生规模大体相当；经费投入机制更加健全，生均拨款制度全面建立等5个具体目标。把中西部贫困地区、民族地区、边远地区和革命老区等四类地区作为攻坚重点。针对家庭经济困难学生、残疾学生和进城务工人员随迁子女等3类特殊群体，《攻坚计划》提出了落实好普通高中建档立卡等家庭经济困难学生免除学杂费政策，逐步分类推进中等职业教育免除学杂费等政策措施。

（2017年4月7日中央电视台《新闻联播》）

训练提示：以上稿件内容正面、积极，播报时应注意基调准确、语势长扬。播音员要认真处理好长句，理清层次关系，注意层次的转换与呼应，防止“蹦字”、语意不清，要能体现经济、科教新闻播报的语言特点，做到以叙述为主，语气平实、语音规范、语句规整，无大起大伏，无大停大连，重音少而精，停少而连多。

任务拓展

1. 请将例稿进行重新编辑，制作一期完整的经济、科教新闻节目，时长5分钟。

2. 自主采访、撰写两条科教新闻，制作一期完整的《科教新闻》节目，播报时注意掌握科教新闻的语言特征与播报技巧，时长5分钟。

问题思考

1. 如何理解经济、科教新闻的有声语言的特点？

2. 请举例分析你最喜欢的经济、科教新闻播音员的播音特色。

评价方法

考核表

考核模块	考核内容	考核方式	考核点	分值
（一）知识与技能目标	1. 对经济、科教新闻理论知识进行回顾、总结；	理论测验	1. 准确说出经济、科教新闻播报基本要求；	10
	2. 对一组经济、科教新闻例稿进行播报；	技能训练	2. 掌握经济、科教新闻播报的语言特征； 3. 掌握经济、科教新闻播报的技巧； 4. 基调正确，正确把握新闻语体； 5. 语言规范、播报规整流畅；	20
	3. 制作一期经济、科教新闻节目。	作品评审	6. 运用经济、科教新闻的播报技巧播报经济、科教新闻； 7. 节目导向、播音基调正确，重点突出； 8. 语音规范、播报流畅； 9. 态度鲜明、语义清晰、节奏明快； 10. 策划、文稿、稿签齐全，节目编排合理、制作精良。	50
（二）过程与方法目标	合作完成节目成品的过程表现。	综合评价	1. 获取、搜集、整理信息，甄选有价值的信息； 2. 制订、实施工作计划； 3. 分析、发现、解决问题； 4. 具有运用理论知识的能力； 5. 及时完成工作任务	10
（三）情感、态度、价值观目标	出勤纪律、工作态度（违反第一条，10 分全无）。		1. 遵守工作纪律，自我约束力强，不迟到、早退、旷课； 2. 有职业道德与社会责任感； 3. 有较强的新闻敏感性，有一定的新闻工作者的人文关怀意识； 4. 语言沟通能力、组织协调能力强，与团队成员团结协作，共同完成工作任务； 5. 实事求是地完成工作评价，给出合理分值。	10
评分标准：优 90—100 分，良 80—89 分，及格 60—79 分 总分 = 自我评分（20%）+小组评分（30%）+教师评分（50%）				
改进建议				

任务 3　经济、科教新闻播报的态度分寸

课前热身： 认真了解下面这条新闻，尽量完整反映原文信息，复述准确、流畅，时长3分钟；注意记住其中的名称、专业术语、数据、时间等主要内容，有利于完整复述新闻：

埃博拉肆虐西非，全球预防

2014年2月，埃博拉疫情在几内亚境内爆发，随后迅速蔓延至西非利比里亚和塞拉利昂等国。疫情引起了国际社会的高度关注，多个国家均采取了紧急措施，严防病毒入境。

埃博拉病毒是迄今发现的致死率最高的病毒之一，死亡率超过50%，除了将已经感染的病人完全隔离，尚无有效的预防和治疗办法。

不过，科学家们正在加紧研制疫苗，美国国家卫生机构与英国葛兰素史克公司联合开发的疫苗已于11月底初步通过人体测试；加拿大研发的一种疫苗也正在开展一期临床试验。此外，一种名为ZMapp的试验性药物被紧急用于救治埃博拉病人，病人病情出现好转，很有希望成为治疗埃博拉病毒感染的一个关键选项。

从禽流感到疯牛病，从SARS到埃博拉，每次区域性公共卫生事件引发的社会震荡都会拉响全球红色警报，尽管悬挂不同国旗的国际救援队穿梭其中，尽管各种疫苗紧锣密鼓地研制和投放，但鲜血和赤字给疫区带来的最大威胁，仍然是挥之不去又无处躲藏的恐惧，因为在这种与死神赛跑的大灾难面前，最具安全感的科学技术也显得力有不逮。

（2014年12月29日《科技日报》）

学习目标：了解经济、科教新闻播报态度分寸的重要性；掌握经济、科教新闻播报态度分寸的控制方法；运用经济、科教新闻播报态度分寸的控制方法播报经济、科教新闻。

案例导入：新闻播音员懂得了新闻的内涵，才能给受众值得信赖的感觉。特别是在重大事件和敏感话题的新闻播报上态度分寸更要得当。比如像乳制品产业发生三聚氰胺这样性质恶劣、影响极大的新闻事件，就不能用平和客观的语气进行播报。中央电视台播音员邢质斌在播《最新检测出的含有三聚氰胺乳制品企业名单》的新闻时，用非常严厉的语气进行播报，播出之后大快人心，受到观众一致好评。邢质斌的 播音为什么会受到欢迎呢？播报的态度分寸有何作用？如何把握态度分寸？

一、经济、科教新闻播报的态度分寸的重要性

经济、科教新闻有社会属性，其新闻播音因此具有鲜明的政治情感色彩。新闻播音员的情感应该以新闻稿件的内容为依据，要善于在不同稿件中寻找情感的微妙起伏，是非褒贬“含蓄”地从播报中流露出来。在新闻播音的创作中，有的播音员追求平淡，毫无态度和情感，对所有的信息都抱着不赞成也不反对的态度，这样的播音员是生活的旁观者，这样

的播音仅仅是文字的传声筒。还有些播音员以十分亲切的态度来播报新闻内容，避免了生硬和刻板，但通常都是播报者“满腔热情”，而受众却不领情。这是为什么呢？播报新闻应该有热情，但这种热情必须用恰当的政策分寸和艺术分寸来处理。

二、怎样把握好态度分寸

新闻媒体具有引导受众的责任，播新闻尤其要注意鼓动性和号召性。只有真正理解新闻内容，熟悉新闻背景，明确播出目的，才能播得态度鲜明、分寸得当，才能让节目具有感染力，真正达到鼓舞受众、引导受众的作用。

新闻写作要求结构严谨、布局紧凑、语言精练。播报的声音形式应与稿件风格相一致，具有“吐字清晰、语势稳健、节奏明快、语言规整”的特点。新闻播音员要善于在风格变化不大的“稿件群”中寻找情感的变化，在相对“规整”的语言处理中寻找微妙的起伏，不能“睁眼看稿不动脑，张嘴念稿不动心”。消息播报语势的走向，要讲究像山涧的溪流一样顺势而下，但情感的走向则要紧紧围绕稿件的内在语，花心思、动脑筋，使传播者和受众双方达到“认知共识”。这样，一组新闻中不同稿件的播报就会有不同的情感处理，整组稿件表达出来就会“有声有色”。

课堂训练

例稿1.2.7

习近平主席将出席“一带一路”国际合作高峰论坛开幕式等活动

5月14日上午9点，“一带一路”国际合作高峰论坛开幕式将在北京国家会议中心举行。国家主席习近平将出席开幕式并发表主旨演讲。当晚，习近平主席夫妇将在人民大会堂迎接出席高峰论坛外方代表团团长夫妇并举行欢迎宴会，习主席将在宴会上致辞。之后，还将举行文艺演出。届时，我台综合频道、新闻频道、中文国际频道及中国国际电视台各外语频道、央视网、央视新闻移动网将现场直播。中央人民广播电台、中国国际广播电台也将直播。

开幕式后，将举行“一带一路”国际合作高峰论坛高级别全体会议。国务院副总理张高丽将出席全体会议并作引导性发言。届时，我台新闻频道和中国国际电视台各外语频道等将现场直播。

（2017年5月13日中央电视台《新闻联播》）

训练提示：这条新闻令人振奋，整篇稿件体现了欲扬先抑的特点。在播报时要仔细分析新闻内在语，体现一定的态度分寸，语气上以叙述为主，语气平实，重点段落语势扬起，体现一种坚定的、令人鼓舞的情感态度。用声不靠前也不靠后，注意语流的流畅度，力求表达清晰、准确无误。

例稿1.2.8

“量子之父”潘建伟：中国量子信息科技有信心继续领跑世界

全国政协十三届一次会议于3月3日下午在人民大会堂开幕。

当日下午2时许，全国政协委员、九三学社中央副主席、中国科学技术大学常务副校长、中科院院士潘建伟在经过“委员通道”时接受了媒体采访。

过去的一年中，在潘建伟和其团队的努力下，我国科技创新取得系列重大突破。“墨子号”量子卫星圆满完成既定目标，随后“京沪干线”与“墨子号”量子科学实验卫星成功对接，我国科学家在世界上首次实现了洲际量子保密通信。

有记者提问，量子信息技术的发展会对中国经济和百姓生活带来哪些方面的影响？

潘建伟以量子保密通信为例，指出实现信息的安全传输是自古以来几千年人类梦想，但从历史经验来看，没有好的加密技术，信息安全每天遭受很大的威胁。

“量子通信在原理上提供了一种不能破解、不能窃听的信息安全传输方式，所以它在国防、政务、金融甚至银行转款、个人隐私保护方面都会起到比较好的作用。”

除此之外，还有量子计算。潘建伟举例称，如果能够操作一百个粒子的话，量子计算在某些特定问题的求解方面能达到全世界计算能力总和的一百万倍，是强大的计算工具，能够解决传统经典计算机解决不了的问题，“比如气象预报、药物设计、物理材料设计，等等”。

他表示，近年来，在党和国家的高度重视、大力支持下，我国在量子保密通信方面，处于全面领先地位，量子计算也在国际学术界有一席之地，他希望未来继续保护千家万户的信息安全。

2017年，世界首台光量子计算机原型机在中国诞生。潘建伟表示，量子技术领域国际竞争激烈，但在党和国家的高度重视下，十三五规划安排了实施一批国家重大科技项目，要在重大创新领域组建一批国家实验室，量子信息科技领域也将实施重大项目，组建新型国家实验室。“我们把全国相应的科技力量集中一起，通过协同创新，有信心领跑世界。”

（2018年3月23日《澎湃新闻》）

例稿1.2.9

珠海航展：高端装备集中亮相

作为世界五大航展之一，正在进行的珠海航展共有来自42个国家的超过700余家参展商参加，一大批我国自主研制的高端装备集中亮相，成为本次展会的最大亮点。

在航展现场，最引人关注的表演，当属我国新一代隐身战斗机歼–20的亮相。这款隐身战机以双机编队进场，在小范围的空域内完成了多个飞行动作，展现了优秀的空中机动能力。

歼–20战机是适应未来战场需要，由我国自主研制的新一代隐身战斗机，在国家安全和战略全局中具有举足轻重的地位。

在本届航展上，不同用途、多种型号的先进航空装备集中参展，也展现了我国航空工业体系不断完善，能力不断升级。大型运输机运–20首次进行静态展示，近距离向公众开放。作为一款具有重要战略地位的大型运输机，运–20具有远距离投送战略力量的能力，航程覆盖我国全境，是世界上只有少数几个国家能够研制的重要航空力量。

而在航天装备方面，“长征五号”大运载火箭、“嫦娥五号”月球探测器等，都成为被关注的焦点。尤其是今年刚刚公开的我国火星探测器模型，也同样参展，体现着我国航天能力的新跨越。

从低端起步到高端发展，从跟踪模仿到自主创新，大批高端装备的集中亮相，彰显着中国国防科技工业的强劲实力。

（2016年11月3日中央电视台《新闻联播》）

任务拓展

1. 请将例稿进行重新编排后，制作成一期经济科教新闻节目音频，时长5分钟。

2. 请以“城市居民消费热点”为主题，提交一份采访提纲，并根据该提纲，以小组为单位进行采访、撰稿、播音，制作一期《经济新闻》节目视频。要求稿件编排合理，播报态度与分寸恰当，时长4分钟。

问题思考

1. 如何理解经济、科教新闻播报的态度分寸？

2. 结合自己谈谈课后如何进行经济、科教新闻播报的训练，交流学习方法。

评价方法

考核表

<table>
<tr><th>考核模块</th><th>考核内容</th><th>考核方式</th><th>考核点</th><th>分值</th></tr>
<tr><td rowspan="3">（一）知识与技能目标</td><td>1. 对经济、科教新闻播报态度分寸理论知识进行回顾、总结；</td><td>理论测验</td><td>1. 准确说出经济、科教新闻的态度分寸处理的重要性；</td><td>10</td></tr>
<tr><td>2. 对一组经济、科教新闻例稿进行播报；</td><td>技能训练</td><td>2. 掌握经济、科教新闻播报的态度分寸控制的方法；
3. 基调正确、重点突出；
4. 感情充沛、态度鲜明；
5. 语言规范、播报规整流畅；</td><td>20</td></tr>
<tr><td>3. 自选素材，策划一期经济科教新闻播报视频节目，采访、编辑、播音，制作成播音节目成品，时长 5 分钟。</td><td>作品评审</td><td>6. 运用经济、科教新闻播报的态度分寸控制的方法播报经济、科教新闻；
7. 节目导向、播音基调正确，重点突出；
8. 语音规范、语言规整、播报流畅；
9. 态度鲜明、语义清晰、节奏明快；
10. 策划、文稿、稿签齐全，节目编排合理、制作精良。</td><td>50</td></tr>
<tr><td>（二）过程与方法目标</td><td>合作完成节目成品的过程表现。</td><td rowspan="2">综合评价</td><td>1. 获取、搜集、整理信息，甄选有价值的信息；
2. 制订、实施工作计划；
3. 分析、发现、解决问题；
4. 具有运用理论知识的能力；
5. 及时完成工作任务。</td><td>10</td></tr>
<tr><td>（三）情感态度、价值观目标</td><td>出勤纪律、工作态度（违反第一条，10 分全无）。</td><td>1. 遵守工作纪律，自我约束力强，不迟到、早退、旷课；
2. 有职业道德与社会责任感；
3. 有较强的新闻敏感性，有一定的新闻工作者的人文关怀意识；
4. 语言沟通能力、组织协调能力强，与团队成员团结协作，共同完成工作任务；
5. 实事求是地完成工作评价，给出合理分值。</td><td>10</td></tr>
<tr><td colspan="5">评分标准：优 90—100 分，良 80—89 分，及格 60—79 分
总分 = 自我评分（20%）＋小组评分（30%）＋教师评分（50%）</td></tr>
<tr><td>改进建议</td><td colspan="4"></td></tr>
</table>

任务 4　经济、科教新闻播报综合训练

学习目标： 掌握、巩固经济、科教新闻播报的定义、播报特点、语言特征、态度分寸控制等理论知识。熟练运用经济、科教新闻播报的备稿方法、语言特征、态度分寸以及播报技巧进行较大容量的经济、科教新闻播报。

课堂训练

例稿1.2.10

一组经济简讯

2017年5月份工业生产者出厂价格同比上涨5.5%

国家统计局最新公布数据显示，2017 年 5 月份，全国工业生产者出厂价格同比上涨 5.5%，环比下降 0.3%。工业生产者购进价格同比上涨 8.0%，环比下降 0.3%。1—5 月份平均，工业生产者出厂价格同比上涨 6.8%，工业生产者购进价格同比上涨 9.0%。

2017年5月份居民消费价格同比上涨1.5%

国家统计局最新公布数据显示，2017 年 5 月份，全国居民消费价格总水平同比上涨 1.5%。其中，城市上涨 1.7%，农村上涨 1.1%；食品价格下降 1.6%，非食品价格上涨 2.3%；消费品价格上涨 0.7%，服务价格上涨 2.9%。1—5 月份平均，全国居民消费价格总水平比去年同期上涨 1.4%。

5月份CPI今日公布涨幅或继续维持“1时代”

国家统计局今日将公布 5 月份居民消费价格指数 (CPI)。机构普遍预计，受非食品价格、翘尾因素上涨影响，5 月份 CPI 同比涨幅或将继续小幅扩大，涨幅预计维持在“1 时代”。国家统计局数据显示，4 月份 CPI 上涨 1.2%，涨幅比 3 月扩大 0.3 个百分点，重新回到“1 时代”。对于即将公布的 5 月份 CPI，市场普遍认为 CPI 涨幅会继续小幅扩大。

海关总署：前5个月中国货物贸易进出口总值10.76万亿

据海关统计，今年前 5 个月，我国货物贸易进出口总值 10.76 万亿元人民币，比去年同期增长 19.8%。其中，出口 5.88 万亿元，增长 14.8%；进口 4.88 万亿元，增长 26.5%；贸易顺差 9 940 亿元，收窄 21.1%。

（2017 年 6 月 8 日央视网）

五部委发布“十三五”金融业标准化发展规划

记者 8 日从中国人民银行获悉，人民银行、银监会、证监会、保监会、国家标准委等 5 部委联合发布《金融业标准化体系建设发展规划（2016—2020 年）》，明确提出“十三五”金融业标准化工作的指导思想、基本原则、发展目标、主要任务、重点工程和保障措施。

（2017 年 6 月 8 日新华社）

例稿1.2.11

一组科技简讯

中国智能配件品牌亮相2017亚洲消费电子展

6 月 9 日，2017 亚洲消费电子展正在上海新国际博览中心火热举办。备受关注的贝拉记可拉伸收纳的数据线、艺术风格的智能排插、麦麦米简约设计的原机手感手机壳等智能配件产品，在创新设计方面跟以往有很大不同。智能配件产品类不仅开始关注功能方面的消费者体验，更注重在外观设计上给消费者的生活情境的带入感。

2017华为云产业高峰论坛：打造“城市产业云”联盟，助力城市跨越式发展

6 月 9 日，2017 华为·宿州云产业合作高峰论坛在宿州市举行，大会以“云聚产业，数赢未来”为主题，20 余个城市管理者和行业专家与参会者分享云计算、大数据产业发展经验，探讨云计算、大数据如何促进新兴产业发展，向业界展示了华为在云计算领域的战略方向、产业布局以及生态建设情况等。

中国航空工业S－76D型民用直升机合作项目首架机在景德镇生产交付

记者 9 日从中国航空工业集团公司获悉，S–76D 型直升机合作项目首架机在位于江西景德镇的中国航空工业昌飞公司吕蒙总装园正式交付。这是该型直升机首次在中国生产交付，标志着美国西科斯基 S–76D 型直升机实现整机在华生产。

“科学”号获得雅浦海山区宝贵岩石样品数据

我国新一代远洋综合科考船“科学”号在完成热带西太平洋雅浦海山区科考任务后，于 9 日返回位于青岛西海岸新区的母港。在这个航次中，科考队员获得雅浦海山区宝贵岩石样品数据。这些数据为中国科学院海洋研究所初步构建起的雅浦海山区综合地球物理数据观测网络，积累了宝贵的第一手资料，数据的丰度和精度均在国内处于领先地位。

中国人2030年有望登月

中国航天科技集团公司总经理吴燕生日前在北京召开的2017年全球航天探索大会上透露，中国已开展载人登月概念研究。中国载人航天工程办公室副主任杨利伟也在会上说，中国正在进行载人登月的预研和前期准备工作，虽然还没有立项，但时间应该不会太长。而他最近在接受媒体采访时预计，中国航天员会在2030年前后登月。

（2017年6月9日新华社）

例稿1.2.12

一组教育简讯

教育部：2017年确保各地高考录取率不降低

教育部10日公布《关于做好2017年普通高等教育招生计划编制和管理工作的通知》，对2017年高等教育招生计划管理工作进行部署。据了解，2017年高招计划安排将继续促进公平，维护广大考生切身利益，确保各地高考录取率不降低。

（2017年5月10日新华社）

47.2%受访者曾以虚假理由请假

近日，中国青年报社社会调查中心联合问卷网，对2 004人进行的一项调查显示，47.2%的受访者有过以虚假理由请假的经历，66.0%的受访者认为要建立合理的制度，批准合理的请假要求，43.7%的受访者希望给学生或员工更宽松的环境。

受访者中，高中及以下学历的占7.3%，专科学历的占18.7%，本科学历的占65.0%，硕士学历的占7.9%，博士学历的占0.7%。

（2017年6月1日《中国青年报》）

未成年人培训纠纷案近年增势明显　半数因机构不靠谱

随着“不让孩子输在起跑线”等理念盛行，各种教育培训机构应需而生，培训机构不靠谱引发的教育培训合同纠纷案件，近年增势明显。北京市第二中级人民法院近五年审理的此类案件显示，半数纠纷案因培训机构“不靠谱”；超九成案件中，学员先付费后上课。法院建议，家长签合同时认真核查相关条款。

（2017年5月27日《新京报》）

规范儿童食品市场准入　6 100公斤“五毛零食”下架

放学后在校门口的小店买一包“五毛零食”，是很多中小学生的习惯。北京市食药监局近日委托北京市食品安全监控和风险评估中心对97个“五毛零食”样本进行专项营养含量测定，结果显示，“五毛零食”呈现盐、油、糖“三高”，对少年儿童健康成长不利。近期全市已启动大规模“五毛零食”专项整治，截至目前，对批零市场、学校周边的5 966家商户开展检查执法，共下架6 100公斤存在风险隐患的食品，给予警告或立案102件。

（2017年6月1日《北京日报》）

例稿1.2.13

发改委：新一批“双创”示范基地布局含高校、科研院

6月8日，国家发改委就创业创新示范基地有关情况举行发布会。会上，国家发改委高技术产业司副巡视员沈竹林表示，将在部分有条件的区域、高校、科研院所以及企业，再布局建设一批“双创”示范基地。

6月7日，国务院常务会议决定，部署新建一批大众创业万众创新示范基地，推动体制机制创新和经济转型升级。

国家发改委新闻发言人孟玮表示，去年5月，为贯彻创新驱动发展战略，国家批准建设了首批28个“双创”示范基地。一年来，在各方面的共同努力下，目前已经形成了一批行之有效的“双创”模式和经验。2017年一季度日均新登记企业1.4万户，服务更加多元化、精细化、专业化。

第一批示范基地在人才、平台、机制等方面摸索出了经验。比如中国电信通过竞争选拔承包人，从员工中产生“小CEO”；阿里巴巴通过“大中台”协同管理模式，为不同规模企业提供服务；中信重工把示范基地建设与国旗改革相结合，激发体制活力和内生动力。

对于新一批“双创”示范基地的建设，沈竹林指出，在总体思路上，继续支持建设一批创新创业基础好、特色鲜明，具有示范带动作用的“双创”示范基地。进一步放大标杆效应，强化支撑能力，提升社会影响，形成一批新的创新创业经验在全社会复制推广。在示范布局上，此次共推出了三大类近百家示范基地。三大类基地分别是区域示范基地、高校和科研院所示范基地、企业示范基地。

（2017年6月8日央视网）

例稿1.2.14

中消协：近半快递网点存野蛮装卸、暴力分拣等问题

据中国消费者协会网站消息，6月8日，中国消费者协会在北京召开情况通报会，通报了《快递服务体验式调查结果》。通报指出，中消协近日组织人员通过寄快递物品，深入体验国内部分快递公司的快递服务。其中，在派件（网点）体验方面，近半网点存在野蛮装卸、暴力分拣、无序摆放快件等问题。

为了加强对快递服务的社会监督，引导消费者科学合理选择快递服务，2016年12月—2017年3月，中消协组织工作人员、消费维权志愿者和专业调查人员，通过寄递杂志、水果、餐具等3类物品，深入体验国内部分快递公司（顺丰、中通、圆通、申通、韵达、EMS、宅急送、德邦、天天、百世）的快递服务，并随机选取部分城市快递网点进行暗访，调查反映快递网点的服务环境、货品堆放、人员操作等情况。

《快递服务体验式调查报告》显示，中消协对这次体验式调查结果的综合评分为75分，处于中等水平，其中：发件（揽收）环节综合评分得分82分，达到了良好水平；收件（投递）环节综合评分为78分；而对快递派件（网点）的综合评分最低，仅为56分，未达“及格线”。

中消协特别提醒广大消费者：一是在发送快件时，要清晰填写快递单信息，确保快递员顺畅联系递送；二是接收快件时务必要求开箱验货，并妥善处置快递单信息，避免个人信息泄露；三是一旦发生合法权益受损问题，要主动收集并保存相关证据，及时向快递企业反馈，必要时向当地邮政管理部门或消费者协会投诉，依法主动维护自身合法权益。

（2017年6月8日中新网）

例稿1.2.15

国办发文：深化科技奖励制度改革

国务院办公厅近日印发《关于深化科技奖励制度改革的方案》，提出将重点改革完善国家科技奖励制度，引导省部级科学技术奖高质量发展，鼓励社会力量设立的科学技术奖健康发展。

方案指出，科技奖励制度是我国长期坚持的一项重要制度，是党和国家激励自主创新、激发人才活力、营造良好创新环境的一项重要举措，对于促进科技支撑引领经济社会发展、加快建设创新型国家和世界科技强国具有重要意义。

方案提出，深化科技奖励制度改革应坚持“服务国家发展、激励自主创新、突

出价值导向、公开公平公正”的基本原则。围绕国家战略全局，改进完善科技奖励工作。以激励自主创新为出发点和落脚点，激发创新内生动力。加强科研道德和学风建设，健全科技奖励信用制度，鼓励科技人员争做践行社会诚信、严守学术道德的模范和表率。增强提名、评审的学术性，明晰政府部门和评审专家的职责分工，评奖过程公开透明，鼓励学术共同体发挥监督作用，进一步提高科技奖励的公信力和权威性。

方案重点任务包括实行提名制、建立定标定额的评审制度、调整奖励对象要求、明晰专家评审委员会和政府部门的职责、增强奖励活动的公开透明度、健全科技奖励诚信制度、强化奖励的荣誉性等。

（2017年6月9日新华社）

例稿1.2.16

“中国创造”论坛亮相CES Asia　创新实力品牌走向世界舞台

为期3天的科技界年度顶级盛会CES Asia 2017(2017亚洲消费电子展，6月7日—9日)，在上海展现黑科技视觉盛宴的同时，也全方位展示亚洲市场创新的广度和深度，而特别值得关注的是，伴随着CES Asia规模的与日俱增，中国科技企业也快速成长。

6月8日，苏宁云商联合奥维云网、中家院、新浪家居联手打造的第二届“中国创造”高峰论坛也拉开帷幕，旨在探讨制造业的智能转型新机遇，新形势下制造业的变革，以及如何不断创出新价值、打开新市场等话题。

海尔、TCL、康佳分别在论坛上获得2017年“中国创造年度企业奖”；海尔空调舒适风系列、美的空调“智能王”变频挂机、PPTV-65T2等产品获得2017年“中国创造年度产品奖”。

在CES Asia期间举办“中国创造论坛”，苏宁云商副董事长孙为民表示，就是要把中国最具活力的消费电子创新阵地搬上国际舞台，同时也是将全球最具科技潮流的新品带到中国市场，带给中国消费者。

（2017年6月9日中国经济网）

例稿1.2.17

教育部宣布全面取消体育特长生等全国性高考加分项

近日，教育部印发《关于做好2018年普通高校招生工作的通知》（以下简称《通知》)，对今年普通高校招生工作进行全面部署。要求各地各校深入贯彻落实党的十九大精神，全面贯彻党的教育方针，全面落实《国务院关于深化考试招生制度改革的实施意见》，发展素质教育，促进教育公平，科学选拔人才，确保高校考试招生公平公正和规范有序。

《通知》明确了2018年普通高校招生工作的六项重点任务：一是全力保障高考工作安全平稳。加强高考工作的组织领导，强化部门协作，集中开展考试环境综合治理专项行动。加强试卷流转环节全过程监管，确保试题试卷绝对安全。二是积极稳妥推进高校考试招生改革。精心组织、平稳实施好改革试点，落实好改革完善措施。积极推进实施高中学业水平考试和综合素质评价等专项改革。进一步推进减少录取批次改革和高职分类招考。三是进一步促进城乡区域入学机会公平。继续实施“国家支援中西部地区招生协作计划”，继续实施重点高校招收农村和贫困地区学生专项计划，进一步落实和完善随迁子女在流入地参加高考政策，依法依规加强对“高考移民”的综合治理。四是进一步严格规范招生工作管理。严格遵守“30个不得”招生工作禁令，认真落实招生信息十公开要求，严格特殊类型招生管理。加大招生违规处理力度，对各类型招生中弄虚作假的考生，除取消其相应类型招生资格外，同时取消其当年高考报名、考试和录取资格。五是进一步强化高校考试招生信息安全。增强安全意识，健全保障体系，完善管理制度，加强安全检查，消除安全隐患，确保招生信息安全。六是深入开展招生宣传服务工作。加大考生诚信教育，加强招生宣传和综合保障，为残疾人平等参加高考提供合理便利。坚持正确导向，规范志愿指导和新闻报道。

根据《国务院关于深化考试招生制度改革的实施意见》和《教育部 国家民委 公安部 国家体育总局 中国科学技术协会关于进一步减少和规范高考加分项目和分值的意见》相关规定，全面取消体育特长生、中学生学科奥林匹克竞赛、科技类竞赛、省级优秀学生、思想政治品德有突出事迹等全国性高考加分项目。

(2018年3月21日教育部网站)

例稿1.2.18

九部门合力防治学生欺凌暴力 向校园暴力说“不”

2016年11月1日，教育部、中央综治办、最高人民法院、最高人民检察院、公安部、民政部、司法部、共青团中央、全国妇联等九部门联合印发《关于防治中小学生欺凌和暴力的指导意见》(以下简称《意见》)。该《意见》分为积极有效预防学生欺凌和暴力、依法依规处置学生欺凌和暴力事件、切实形成防治学生欺凌和暴力的工作合力3部分11条。

《意见》强调，要积极预防学生欺凌和暴力。切实加强中小学生思想道德教育、法治教育和心理健康教育，引导全体中小学生从小知礼仪、明是非、守规矩，做到珍爱生命、尊重他人、团结友善、不恃强凌弱，弘扬公序良俗、传承中华美德。认真开展预防欺凌和暴力专题教育，提高学生对欺凌和暴力行为严重危害性的认识，增强自我保护意识和能力，自觉遵守校规校纪，做到不实施欺凌和暴力行为。严格学校日常安全管理，建立早期预警、事中处理及事后干预等机制。强化学校周边综合治理，对中小学生欺凌和暴力问题突出的地区和单位，通过通报、约谈、挂牌督办、一票否决权制等方式进行综治领导责任督导和追究。

《意见》强调，要依法依规处置学生欺凌和暴力事件，保护遭受欺凌和暴力学生身心安全。对实施欺凌和暴力的中小学生必须依法依规采取适当的矫治措施予以教育惩戒，既做到真情关爱、真诚帮助，力促学生内心感化、行为转化，又充分发挥教育惩戒措施的威慑作用。

《意见》强调，切实形成防治学生欺凌和暴力的工作合力。要加强部门统筹协调，各地应成立防治学生欺凌和暴力工作领导小组，形成政府统一领导、相关部门齐抓共管、学校家庭社会三位一体的工作合力。要依法落实家长监护责任，避免家长对孩子放任不管、缺教少护、教而不当。要加强平安文明校园建设，提高学校治理水平，推进依法依规治校，建设无欺凌和暴力的平安文明校园。

（2016 年 11 月 15 日新华网）

例稿1.2.19

调查:63.8%受访者认为当父母有必要进行培训

只顾看手机不知孩子掉进水里；下车将孩子反锁在车里；看护不当导致孩子跌落摔落……一则则“不称职家长”的新闻让“为人父母要进行培训”的话题备受关注。日前，中国青年报社社会调查中心联合问卷网，对 2015 名受访者进行的调查显示，72.3%的受访者认为当下不称职家长有点多，63.8%的受访者认为当父母有必要进行“岗前”培训，77.7%的受访者建议将家庭教育纳入大学和婚前阶段。

受访者中，生活在北上广深的占 30.1%，其他一线城市的占 22.8%，二线城市的占 30.4%，三四线城市的占 15.8%。

你身边父母存在哪些问题？调查中，74.2%的受访者指出一些父母过分关注学习而忽略身心发展。其他问题还有：严格管教打压孩子性格和交往能力（59.2%），对潜在的危险因素不敏感（52.0%）和过分专制不能与孩子有效沟通（40.7%）等。

如何帮助家长进行自我学习和提升？调查中，61.9%的受访者建议社区街道多宣传教育，55.2%的受访者希望鼓励发展民间或公益培训组织，54.1%的受访者希望有关部门为婚龄男女免费提供家庭教育课程，44.9%的受访者建议学习网上免费课程，27.4%的受访者希望多开发育儿类节目。

（2017 年 6 月 1 日《中国青年报》）

例稿1.2.20

神舟十一号载人飞船发射成功　习近平致电表示热烈祝贺

神舟十一号奔向天宫，我国载人航天再启新程。北京时间 10 月 17 号 7 时 49 分，执行与天宫二号交会对接任务的神舟十一号载人飞船，在酒泉卫星发射中心发射升空后准确进入预定轨道，顺利将 2 名航天员送上太空。正在印度出席金砖国家领导人第八次会晤的中共中央总书记、国家主席、中央军委主席习近平第一时间发来贺电。

习近平在贺电中表示，欣闻神舟十一号载人飞船发射成功，我谨向全体参研参试人员和航天员们表示热烈的祝贺和诚挚的问候。

习近平指出，天宫二号和神舟十一号载人飞行任务，将首次实现我国航天员中期在轨驻留，开展一批体现国际科学前沿和高新技术发展方向的空间科学与应用任务，标志着我国载人航天工程取得了新的重大进展。

习近平强调，太空探索永无止境，航天攻关任重道远。希望同志们大力弘扬载人航天精神，精心做好后续各项工作，确保实现既定任务目标，不断开创载人航天事业发展新局面，使中国人探索太空的脚步迈得更大更远，为建设航天强国作出新的贡献。

（2016 年 10 月 17 日中央电视台《新闻联播》）

例稿1.2.21

“太空邮局”五周年　首次视频天地通邮

今天是航天员进入天宫二号的第 16 天，也是中国邮政太空邮局正式成立 5 周年的日子。航天员景海鹏和陈冬作为太空信使，首次以视频连线的方式向公众展示太空邮局天地通邮。

下午三点，航天员成功在轨接收到 9 万多封太空信件，此前，已经有 40 多万封信件扫描电子版被存入芯片，随航天员直接带入太空。这 50 多万封邮件多出自参加“家书载梦，来自太空的家书”主题活动的全国各地青少年之手，“神舟十一号”返回后，太空邮局将以实物太空信的形式，将信件寄送给收件人。两位航天员还展示了太空邮局的邮品，为信件加盖邮戳，并现场朗读了几封公开信件。

（2016 年 11 月 3 日中央电视台《新闻联播》）

例稿1.2.22

互联网金融专项整治划定六大重点领域

国务院办公厅今天公布《互联网金融风险专项整治工作实施方案》。本次整治将集中在P2P网络借贷、股权众筹、互联网保险、第三方支付、通过互联网开展资产管理及跨界从事金融业务以及互联网金融领域广告等六大重点领域。在专项整治过程中，要做好对客户资金的保护。

（2016年10月13日中央电视台《新闻联播》）

任务拓展

1. 对上述例稿进行重新编排，上镜播音，制作成新闻播音节目成品。

招聘新闻

2. 请根据以上漫画素材，以小组为单位采访、撰写一条教育新闻；再从网上搜集并编辑经济、科教新闻各3条，共同完成一期《新闻在线》节目的策划文稿。

小提示：要求稿件编排合理，节目播出能够运用恰当的播报技巧，体现经济、科教新闻播报的语言特点，把握正确的播报态度分寸。

评价方法

考核表

考核模块	考核内容	考核方式	考核点	分值
(一)知识与技能目标	1. 对经济、科教新闻播报理论知识进行回顾、总结;	理论测验	1. 准确说出经济、科教新闻的含义、播报特点、备稿方法、态度分寸处理的重要性;	10
	2. 选择例稿进行播报,依据所给例稿,策划一期经济、科教新闻节目,完成上镜播音,并制作成播音节目视频成品;	技能训练	2. 掌握经济、科教新闻播报的方法; 3. 基调正确、重点突出; 4. 感情充沛、态度鲜明; 5. 语言规范、播报规整流畅;	20
	3. 以小组为单位,根据漫画素材,策划一期经济科教新闻播报视频节目,制作成完整的科教新闻播报节目视频成品。	作品评审	6. 运用经济、科教新闻播报的方法播报经济、科教新闻; 7. 节目导向、播音基调正确,重点突出; 8. 语音规范、语言规整、播报流畅; 9. 态度鲜明、语义清晰、节奏明快; 10. 策划、文稿、稿签齐全,节目编排合理、制作精良。	50
(二)过程与方法目标	合作完成节目成品的过程表现。	综合评价	1. 获取、搜集、整理信息,甄选有价值的信息; 2. 制订、实施工作计划; 3. 分析、发现、解决问题; 4. 具有运用理论知识的能力; 5. 能及时完成工作任务。	10
(三)情感态度、价值观目标	出勤纪律、工作态度(违反第一条,10分全无)。		1. 遵守工作纪律,自我约束力强,不迟到、早退、旷课; 2. 有职业道德与社会责任感; 3. 有较强的新闻敏感性,有一定的新闻工作者的人文关怀意识; 4. 语言沟通能力、组织协调能力强,与团队成员团结协作,共同完成工作任务; 5. 实事求是地完成工作评价,给出合理分值。	10
评分标准:优90—100分,良80—89分,及格60—79分。 总分=自我评分(20%)+小组评分(30%)+教师评分(50%)				
改进建议				

项目三　文娱、体育新闻播报

任务1 文娱、体育新闻播报的备稿

课前热身(复述新闻):认真复述下面这条新闻,注意新闻内容清晰流畅、语言简洁明快,辅以合适的体态语。

爸爸3的可爱萌娃们

8月28日晚,《爸爸去哪儿》第三季播出第八期,酷爸萌娃们从新疆吐鲁番前往美丽的牧场,五对父子在两天里体验了自由豪放的草原文化,先后完成了"真心话问答""草原运动会""人气爸爸选举"等任务,诺一、夏天"小王子小公主"组合获热心网友"祝福",轩轩草原摔跤大赛诠释运动精神,被"虐"千遍依然不放弃戳中众人泪点。老爸和萌娃们的旅程也在广大观众的陪伴下走了一半。一路走来,萌娃们的天使性格有目共睹,爸爸和萌娃们的亲子感情也持续升温。昨晚的"真心话问答"欢笑与感动齐飞,受到年轻观众热捧,萌娃们心系老爸反哺情深的场景感动无数观众,不少观众到微博下面留言称:"羊有跪乳之恩,鸦有反哺之义,几个五六岁的小孩子,却有时比我们成人还要懂事。"一个小游戏触动了大多数人内心的柔软,更有网友在网上刷出"报答父母"的话题。

(2015年8月29日新浪网)

学习目标: 了解文娱、体育新闻的定义,掌握文娱、体育新闻的播报特点及备稿方法,运用备稿方法对一组文娱、体育新闻进行播报前的准备。

案例导入: 达子同学在电视台实习的时候,把自己做的娱乐新闻播报的样片作为自荐作品交给制片人,得到反馈的意见是:感觉像播报时政新闻。达子很苦恼,她觉得自己已经很努力了。你认为达子同学的问题主要出在哪里?文娱、体育类新闻播报有什么特点?应该如何准备?

一、文娱、体育新闻含义

文娱、体育新闻是指在大众传播媒介上发布的与文化娱乐或体育相关的新近发生、发展的事实的报道。

二、文娱、体育新闻播报特点

文娱新闻播报节奏较快,语言有跳跃感,富有感染力,副语言运用灵动,表现形式较为活泼。比如中央电视台电影频道的《中国电影报道》、光线传媒的《娱乐现场》等。

体育新闻播报节奏感强、语速较快、语言专业性强,有激情、富有活力。如中央电视台体育频道的《体育新闻》等。

三、文娱、体育新闻的备稿

在进行文娱、体育新闻播报前必须进行备稿,要求分析稿件准确,备稿六步齐全,认真写出分析笔记。

课堂训练

1. 文娱新闻

例稿1.3.1

《厉害了，我的国》热映　到影院为祖国点赞

由中央电视台和中国电影股份有限公司联合出品的纪录电影《厉害了，我的国》自 3 月 2 日登陆全国院线以来，票房已经超过一亿元人民币。

连日来在全国各大影院，纪录电影《厉害了，我的国》几乎场场观众爆满，已成为排片率最高的影片之一。截至目前，票房超过一亿元人民币，观影人数超过 300 万，创下国内纪录电影票房和观影人数新纪录。

影片全面呈现十八大以来我国所取得的历史性成就，同时还从“小家”的视角切入，展现各族人民撸起袖子加油干、努力建设幸福生活的美好追求，引发观众强烈共鸣。

（央视网）

例稿1.3.2

《中国电影报道》（节选）

本周末共有十部新片上映，其中不仅有超级英雄电影《神奇女侠》，也有国产喜剧片《美好的意外》，还有探险主题影片《迷失 Z 城》。

在电影神奇女侠中，生活在世外桃源的戴安娜公主因为一位空军上尉的到来改变了命运。她跟随这位不速之客来到了人间。从嘈杂的都市中，复杂的战场上找到了自己的使命。在一战期间叙写了一段传奇篇章。

在新片《美好的意外》中，事业有成的单身贵族女律师李雨然在某天晚上不幸遭遇车祸。醒来之后发现自己成了家庭主妇，有一个特别邋遢的老公和一双儿女。这就是她要经历的七天角色体验。

《迷失 Z 城》中欧洲人始终相信亚马逊丛林中隐藏着黄金国，成千上万的人因为寻找它而丧生。不过英国科学家富森特不信邪，他花了几年时间搜集科学资料，终于踏入了这片原始丛林，开启了一段惊心动魄的冒险。

（2017 年 6 月 2 日中央电视台电影频道《中国电影报道》）

训练提示：通过对以上节目口播内容的模仿练习，体会文娱新闻播报的语速、表现方式，了解文娱新闻播报的特点。播报时应注意语言亲切随和，播报状态热情大方、具有感染力，把握好与观众沟通交流的状态。

在熟悉稿件时，要认真体会和区分文娱新闻与时政新闻、民生新闻不同的播报方式，并通过练习不断强化。

理解稿件内容，做到叙事清楚、有感染力。

2. 体育新闻

例稿1.3.3

端午来临　湖南各地龙舟竞技

每年端午期间，湖南各地的龙舟尽相亮相，来自湖南新宁县和广西资源县的体育健儿们在这里上演了速度与激情。江面上参赛选手劈波划浪、争先恐后，岸上当地的瑶族同胞穿上了节日盛装，唱起山歌打起渔鼓，为比赛鼓劲助威吸引了众多游客和市民围观留影。湖南娄底汾水河畔也是龙舟飞渡，河畔彩旗飘扬，人头攒动，比赛按100米、200米、500米等距离分组进行，随着比赛一声号令，各支参赛龙舟如离弦之箭，冲向终点。

（2017年5月29日中央电视台体育频道《体育新闻》）

例稿1.3.4

中国乒乓球公开赛

今天，中国乒乓球公开赛在都江堰进行了首轮争夺。在今天进行的男女单打和男女双打首轮比赛当中，中国选手全部顺利晋级，双线作战的丁宁在单打比赛中横扫日本选手石垣优香，而在和朱雨玲搭档的女双比赛当中，她们以3比1战胜对手，对于丢掉一局的结果，丁宁自己感到很不满意。

(2015年7月7日中央电视台体育频道《体育新闻》)

训练提示：通过对中央电视台体育频道《体育新闻》节目口播内容的模仿练习，体会体育新闻播报的语速、表现方式，了解体育新闻的播报特点。播报时应注意语速偏快，播报节奏感强，语言专业性强，有激情、富有活力，把握好与观众沟通交流的状态。

在熟悉稿件时，要认真体会和区分体育新闻与时政新闻、民生新闻不同的播报方式，并通过练习不断强化。

理解稿件内容，做到叙事清楚、有感染力。

任务拓展

1. 对上述文娱、体育新闻进行重新编排，注意稿件前后顺序和编排的合理性，运用备稿六步方法对其中一条稿件进行分析，写出分析笔记。

2. 根据课堂训练例稿，撰写一期 5 分钟的文娱、体育新闻播报节目策划文案（含策划、新闻文稿），并制作一档完整的播报节目成品。

问题思考

1. 如何播报好文娱体育新闻节目？

2. 文娱体育新闻的播报特点与其他类型的新闻播报特点有何不同？

评价方法

考核表

考核模块	考核内容	考核方式	考核点	分值
（一）知识与技能目标	1. 对文娱、体育新闻播报理论知识进行回顾、总结；	理论测验	1. 准确说出文娱、体育新闻的含义、播报特点、备稿方法；	10
	2. 对文娱新闻例、稿体育新闻例稿进行现场播报；	技能训练	2. 掌握文娱、体育新闻播报的特点及备稿方法； 3. 播报语言规范、节目对象感强； 4. 播报语言富有节奏感、新鲜感强； 5. 播报状态积极、感染力强；	20
	3. 以小组为单位，策划、采访、拍摄、撰稿、编辑、播音、制作一期文娱、体育新闻广播播音节目，时长 5 分钟。	作品评审	6. 运用文娱、体育新闻的备稿方法对娱乐、体育新闻进行播报前的准备； 7. 策划、文稿、稿签齐全； 8. 节目导向、基调正确、重点突出； 9. 语音规范，播报活泼、有激情； 10. 节目编排合理、制作精良。	50

续表

（二）过程与方法目标	4. 合作完成节目成品的过程表现。	综合评价	1. 获取、搜集、整理信息，甄选有价值的信息； 2. 制订、实施工作计划； 3. 分析、发现、解决问题； 4. 具有运用理论知识的能力； 5. 及时完成工作任务。	10
（三）情感、态度、价值观目标	5. 出勤纪律、工作态度（违反第一条，10 分全无）。		1. 遵守工作纪律，自我约束力强，不迟到、早退、旷课； 2. 有职业道德与社会责任感； 3. 有较强的新闻敏感性，有一定的新闻工作者的人文关怀意识； 4. 语言沟通能力、组织协调能力强，与团队成员团结协作，共同完成工作任务； 5. 实事求是地完成工作评价，给出合理分值。	10
评分标准：优 90—100 分，良 80—89 分，及格 60—79 分。 总分 = 自我评分（20%）+小组评分（30%）+教师评分（50%）				
改进建议				

任务 2 文娱新闻播报

课前热身：展开小组间的辩论，要求观点明确，语言流畅，辩论有理有据；时长8分钟。

亚冬会冰舞和男子冰壶中国选手夺冠

第八届亚洲冬季运动会花样滑冰今天决出首枚金牌，中国选手王诗玥、柳鑫宇夺得冰舞项目冠军，以 164.28 的总成绩获得金牌。另一对中国组合陈宏、赵研获得铜牌。男子冰壶决赛，中国队迎战实力强大的日本队，到第八局结束，中国队以 11 比 4 领先，对手提前两局认输。这是中国男子冰壶队首次夺得亚冬会金牌。

（中央电视台《新闻联播》）

学习目标：了解文娱新闻的播报特点，掌握文娱新闻播报的副语言，运用文娱新闻副语言技巧进行文娱新闻播报。

案例导入：某电视台娱乐频道招聘娱乐新闻主播，王静和鸣子前去应试。他们都比较流畅地完成了娱乐新闻播报，不同的是王静还加入了一些副语言。制片人对王静的整体状态比较满意，决定留用王静在台里实习。你认为电视台选择王静实习的理由是什么?文娱新闻应该如何播报?

一、文娱新闻的播报特点

文娱新闻播报节奏较快，语言有跳跃感，富有感染力，副语言运用灵动，表现形式较为活泼。

二、文娱新闻的副语言

文娱新闻播报语气要轻快、热情、快乐，主持词相对口语化。同时也要适当地添加副语言。副语言包括眼神、面部表情、体态、服饰、发型等。副语言传播渲染着整个电视新闻节目的色彩，体现其整体的基调，在整个电视新闻节目中起着不容忽视的作用。

课堂训练

例稿1.3.5

中国电影报道（节选）

昨晚，老中青三代著名京剧表演艺术家在大型交响乐团的伴奏下，在国家大剧院举行了“不忘战争，是为了维护和平”京剧交响音乐会，纪念中国人民抗日战争暨世界反法西斯战争胜利70周年。著名京剧表演艺术家尚长荣、谭孝曾、赵葆秀、王蓉蓉、孟广禄、李胜素、朱强、董圆圆、迟小秋、胡文阁等参加了演出。

在梅派名剧《霸王别姬》动人的“南梆子”唱腔中，音乐会拉开帷幕。著名梅派再传弟子胡文阁、著名花脸演员陈俊杰，通过这一讲述楚汉相争的故事，表现了战争的残酷与对和平的渴望。在这凄美的“虞歌”与剑舞之后，京剧名家朱强与著名梅派再传弟子董圆圆分别带来京剧《苏武牧羊》与《穆桂英挂帅》的精彩选段。

在传统戏之外，优秀青年京剧演员张建峰唱响大型新编史诗京剧《赤壁》“祭江”一折中“月迷离星明灭雁声凄凉”选段；面对赤壁之战大胜，剧中的诸葛亮跌宕的反二黄唱腔，是对战争的深刻反思；京剧名家李胜素在《丝路长城》“耳边厢又听得乡音回响”中，表现普通百姓对于睦邻和睦的向往；京剧名家孟广禄一段京剧《天下归心》的“古柏寒流云卷河汉惨淡”，在酣畅淋漓的演唱中，唱出中国人对于家和的崇尚与追求。

音乐会下半场，尚长荣、谭孝曾、赵葆秀、王蓉蓉等名家出场，演唱了《智取威虎山》《沙家浜》《红灯记》《海港》《平原作战》等现代经典戏中脍炙人口的唱段。

(2015年8月26日央视电影频道《中国电影报道》)

例稿1.3.6

娱乐星天地

Hello，大家好。欢迎收看正在为您直播的《娱乐星天地》，我是佳佳。在诗书中华的舞台上呢，选手们会通过答题来展现出对古诗词和诗文的了解程度。但是还是要通过交流来汲取更多的知识。汪峰 2017《岁月轮回》巡回演唱将会在北京举行，这是他继 2014 年《风暴来临》演唱会之后时隔三年后的又一次全国巡演。汪峰 2017《岁月轮回》演唱会这次将会在 9 月 9 号正式开始，从北京鸟巢出发经过全国 30 多个城市。汪峰还为演唱会融入了许多新花样，魔幻感十足的舞台，虚拟人物参与互动，多机位直播等都将成为看点。

由成龙担任艺术总监、高峰执导的战争动作电影《龙之战》曝光定档海报及预告片，宣布定档 8 月 4 日全国公映，正式进军暑期档。“老戏骨”刘佩琦、曹云金、罗昱焜等主演在预告片中全部亮相，共同展现了誓死卫国、驱逐外敌的决心，体现了民族血性。《龙之战》的定档预告片更将影片的热血气质表现得淋漓尽致。在敌方的狂轰滥炸之下，山清水秀的广西早已满目疮痍，67 岁的冯子材却誓不低头，率军顽强抗敌。这支预告片中汇集了爆炸、肉搏、水战、火攻等元素，让人看得血脉贲张，大呼过瘾。而在敌我双方军备差距如此悬殊的情况下，冯子材采用了哪些谋略布局，才战胜了倾巢而出的法军？8 月 4 日，谜底终将揭晓。

娱乐星天地是由营养益多多，宝宝来一个，思念儿童水饺独家冠名播出的。今天的节目就是这样了，明天同一时间我们不见不散，拜拜。

（2017 年 6 月 8 日东方卫视《娱乐星天地》）

训练提示：

1.通过上述口播例稿的播报练习，体会文娱新闻播报的节奏、感染力。播报时应注意状态热情大方积极，具有感染力。

2.请在播报文娱新闻时加入合适的体态语。

任务拓展

1. 根据课堂训练例稿，撰写一期 5 分钟的文娱新闻播报节目策划文案（含策划、新闻文稿），并播音、编辑、制作成完整的文娱新闻播报节目。

2. 以小组为单位，合作策划一期 5 分钟的文娱新闻播报节目，要求分工协作，搜集信息材料，编辑、播音、制作成完整的文娱新闻播报节目。

问题思考

1. 文娱新闻播报的特点是什么？

2. 文娱新闻播报的副语言应该如何把握分寸？

评价方法

考核表

考核模块	考核内容	考核方式	考核点	分值
（一）知识与技能目标	1. 对文娱新闻播报理论知识进行回顾、总结；	理论测验	1. 准确说出文娱新闻的特点、副语言；	10
	2. 对文娱新闻例稿《中国电影报道》进行现场播报；	技能训练	2. 掌握文娱新闻播报特征以及娱乐新闻副语言的运用方法； 3. 播报状态积极，副语言灵动； 4. 播报语言规范、活泼跳跃、富有感染力； 5. 节奏轻快、新鲜感强；	20
	3. 以小组为单位，策划、采访、拍摄、撰稿、编辑、播音、制作一期文娱播报节目，时长 5 分钟。	作品评审	6. 运用文娱新闻的播报特点和灵动的副语言对文娱新闻进行播报； 7. 策划、文稿、稿签齐全； 8. 节目导向、基调正确，重点突出； 9. 语音规范，播报流畅； 10. 节目编排合理、制作精良。	50
（二）过程与方法目标	合作完成节目成品的过程表现。	综合评价	1. 获取、搜集、整理信息，甄选有价值的信息； 2. 制订、实施工作计划； 3. 分析、发现、解决问题； 4. 具有运用理论知识的能力； 5. 及时完成工作任务。	10
（三）情感、态度、价值观目标	出勤纪律、工作态度（违反第一条，10 分全无）。		1. 遵守工作纪律，自我约束力强，不迟到、早退、旷课； 2. 有职业道德与社会责任感； 3. 有较强的新闻敏感性，有一定的新闻工作者的人文关怀意识； 4. 语言沟通能力、组织协调能力强，与团队成员团结协作，共同完成工作任务； 5. 实事求是地完成工作评价，给出合理分值。	10
评分标准：优 90—100 分，良 80—89 分，及格 60—79 分 总分 = 自我评分（20%）+小组评分（30%）+教师评分（50%）				
改进建议				

任务 3　体育新闻播报

课前热身：即兴评述：谈谈“奥运精神”。（观点鲜明、层次清晰、语言流畅、语音规范、表达准确，状态积极、恰当，时长3分钟。）

学习目标：了解体育新闻的定义，掌握体育新闻的播报特点，运用体育新闻的播报特点进行体育新闻的播报。

案例导入：肖翔同学在电视台实习的时候，有一次给体育新闻配音。由于是自己感兴趣的有关足球方面的新闻，他有些激动，带入了比较多的个人情感。审片时制片人否定了这种配音的语气和方法。肖翔很苦恼，老师说过在给体育新闻配音时可以适当带入情感的呀。你认为肖翔同学的问题主要出在哪里？体育新闻应该如何播报？

一、体育新闻的定义

体育新闻是对人类的体育运动、健身活动及相关信息进行的一种报道。①

二、体育新闻播报的特点

体育新闻播报语言节奏快、信息量大、感染力强，播报语言专业性强，有活力、有激情。客观反映新闻事实的同时，可适当加入情感，契合体育运动的活力与魅力。

课堂训练

例稿1.3.7

2022花开北京

各位晚上好，这里是中央电视台《体育新闻》，欢迎收看！

昨天是2015年的7月31日，也是一个注定将被载入史册的日子。国际奥委会举行了第128次全会，北京在和哈萨克斯坦的阿拉木图竞争中胜出，获得了2022年冬奥会举办权。昨天上午，在吉隆坡会议中心，北京申冬奥代表团对国际奥委会委员进行了陈述，委员们在听取了两座城市代表团的陈述之后进行投票，最终，北京获得了44票，以4票的优势，取得了2022年冬奥会举办权。北京也将成为历史上第一座既举办过夏奥会又举办过冬奥会的城市。北京申办2022年冬奥会成功之后，国务院副总理刘延东代表前方申办代表团发表了讲话，代表团的成员们也都难抑制心中的激动。北京获得2022年冬奥会举办权，很多国际友人和国际奥委会官员也都表达了他们的祝贺。昨晚，吉隆坡香格里拉饭店张灯结彩、喜气洋洋，北京申冬奥代表团举行了招待会，热烈庆祝获得2022年冬奥会的举办权。

(2015年8月1日中央电视台体育频道《体育新闻》)

① 张英．体育新闻报道[M].杭州：浙江大学出版社，2007：3.

例稿1.3.8

三米跳板何超夺冠

《体育新闻》正在直播，第16届国际泳联世锦赛今天在俄罗斯喀山继续进行，在今天凌晨结束的跳水比赛中，何超收获了男子单人三米板冠军。另外在花样游泳集体自由自选的决赛中，孙文艳领衔的中国队获得了亚军。接下来就一起走进《跃动喀山》国际泳联世锦赛专题报道。

首先还是为您带来一条好消息，北京时间今天凌晨，跳水男子单人三米板的争夺结束，第一次参加世锦赛的何超，顶住压力以555.05分，收获了金牌。

(2015年8月1日中央电视台体育频道《体育新闻》)

训练提示：

1. 体会体育新闻的节奏、语气、感染力。播报时，注意把握体育项目的专业特征，注意与观众沟通交流。

2. 备稿时要认真体会和区分体育新闻与时政新闻、文娱新闻、民生新闻等不同的播报特点和方式。

3. 做到节奏明快恰当，语言有感染力。尤其要注意两条稿件的语气差异，在练习时加以区别。

任务拓展

1. 根据课堂训练例稿，撰写一期5分钟的体育新闻播报节目策划文案（含策划、新闻文稿），并编辑、播音、制作成完整的体育新闻播报节目。

2. 以小组为单位，合作策划完成一期5分钟的体育新闻播报节目，分工协作，搜集信息材料，编辑、播音、制作成完整的体育新闻播报节目。

问题思考

1. 如何播报好一期体育新闻节目？

2. 体育新闻的播报与其他类型的新闻播报有何不同？

评价方法

考核表

<table>
<tr><th>考核模块</th><th>考核内容</th><th>考核方式</th><th>考核点</th><th>分值</th></tr>
<tr><td rowspan="3">（一）知识与技能目标</td><td>1. 对体育新闻播报理论知识进行回顾、总结；</td><td>理论测验</td><td>1. 准确说出体育新闻的特点、副语言；</td><td>10</td></tr>
<tr><td>2. 对体育新闻例稿《三米跳板何超夺冠》进行现场播报；</td><td>技能训练</td><td>2. 掌握体育新闻播报的特征以及体育新闻的播报特点；
3. 语言规范，语言专业性强；
4. 播报富有激情、节奏明快；
5. 播报状态积极、富有活力；</td><td>20</td></tr>
<tr><td>3. 以小组为单位，策划、采访、撰稿、编辑、播音、制作成一期体育新闻，时长 5 分钟。</td><td>作品评审</td><td>6. 运用体育新闻的播报特点对体育新闻进行播报；
7. 策划、文稿、稿签齐全；
8. 节目导向、基调正确，重点突出；
9. 语音规范、播报流畅；
10. 节目编排合理、制作精良。</td><td>50</td></tr>
<tr><td>（二）过程与方法目标</td><td>合作完成节目成品的过程表现。</td><td rowspan="2">综合评价</td><td>1. 获取、搜集、整理信息，甄选有价值的信息；
2. 制订、实施工作计划；
3. 分析、发现、解决问题；
4. 具有运用理论知识的能力；
5. 及时完成工作任务。</td><td>10</td></tr>
<tr><td>（三）情感、态度、价值观目标</td><td>出勤纪律、工作态度（违反第一条，10 分全无）。</td><td>1. 遵守工作纪律，自我约束力强，不迟到、早退、旷课；
2. 有职业道德与社会责任感；
3. 有较强的新闻敏感性，有一定的新闻工作者的人文关怀意识；
4. 语言沟通能力、组织协调能力强，与团队成员团结协作，共同完成工作任务；
5. 实事求是地完成工作评价，给出合理分值。</td><td>10</td></tr>
<tr><td colspan="5">评分标准：优 90—100 分，良 80—89 分，及格 60—79 分
总分 = 自我评分（20%）+小组评分（30%）+教师评分（50%）</td></tr>
<tr><td>改进建议</td><td colspan="4"></td></tr>
</table>

任务 4 文娱、体育新闻播报综合训练

学习目标：进一步掌握文娱新闻和体育新闻的播报特点，掌握好文娱体育新闻播报的态度与分寸，加强文娱、体育新闻以播为主、兼具采编的综合训练。

课堂训练

例稿1.3.9

一组文娱新闻

【配音】今日头条"中国影响力"导演作品，延安展映反响热烈，记者亲历老区电影产业迈出新步伐。

今日发布：《烈日灼心》众主创演技大爆发，三大影帝接受检验拼人气，汤唯带《三城记》面见家乡父老，史上最强亲友团惊喜助阵。

今日聚焦，众星联手力荐《百团大战》，刘之冰出演左权将军心有顾虑。

今日幕后，探寻《诱狼》幕后英雄，武行枪械师甘当绿叶。

今日独家，"电影之美"解析"恋城"之美，跟着明星环球旅行谈恋爱。

今日国际，权相佑变身漫画店老板，火药味十足叫板同档期新片。《玩命速递 4》火热回归，新人替换杰森·斯坦森。

网罗影坛快讯，聚焦影视热点，《中国电影报道》精彩无限。

【口播】观众朋友们，大家好，欢迎收看本期《中国电影报道》，我是蓝羽，今天我们继续关注本栏目走进延安特别行动的前方报道。昨天，电影频道"中国影响力"的青年导演们带着自己的作品，在革命老区露天展映，这样的经历对于青年导演来说无疑是一次特殊的体验。他们的心情如何，观众们的反应又如何？马上跟随我们的镜头，去现场看看。

【配音】下午三点，晚安数字电影放映站的工作人员，就开始忙碌起来，为晚上的放映做准备。一切准备就绪，天色已暗，夜幕降临，"中国影响力"青年导演的作品，也开始放映。此次放电影下乡活动分两天，在杨家坪旧址和杨家岭希望小学放映，电影放映会上，延安老区观众们的热情让青年导演们十分感动，尤其当地的孩子们，对于这次露天放映表现出浓厚的兴趣。这种露天放映对于"中国影响力"青年导演们来说，是一次特殊而难忘的经历，虽然延安老区历经发展和变迁，影院也遍布大街小巷，但是看到人头攒动的观众，零距离感受观众的观影热情，青年导演的内心感慨万千。

【口播】在此次特别行动中，我们还走访了延安当地的农村数字放映机构，在那里，年轻导演从当地老放映员那儿了解到了延安电影的历史变迁。

【配音】见到了记者，延安的老放映员杨士钦介绍起在建国初期延安每个区县的电影放映数量。从数字上不难看出，人民群众对电影的需求量不断上涨，除了放映数量不断增加，延安的观影条件也发生了巨大改变，而走进当地的影院，更加直观地感受到延安电影产业崭新的步伐。

【口播】从今天开始，《烈日灼心》《三城记》等多部电影将全城上映了，为了拉票，

《烈日灼心》的主演也是没有闲着，主要演员邓超、郭涛、段奕宏等人走进影院与观众互动。作为目前口碑爆棚的影片，哪位主演的突破最大，看过影片的观众又会更青睐谁呢？

【配音】电影《烈日灼心》围绕沉底七年的水库灭门案展开，三位懵懂青年因为一念之差成为亡命之徒，在拼命工作和低调做人之后他们又有了新的波澜。影片中对于人性刻画让不少提前看过影片的观众称赞，主创们也表示这是目前角色上遇到的最大挑战，上演了兄弟情、爱情等一系列复杂情感，在这部影片里三位男主演同时斩获第18届上海国际电影节影帝。

【口播】相比《烈日灼心》《三城记》主演，汤唯、刘青云一起来到汤唯的家乡杭州拉票。这次汤唯带着新片《三城记》回到家乡，她的父母嫂子甚至小学同学都齐齐到场，组成了史上最强亲友团。

【配音】在杭州见面会上，电影《三城记》的导演张婉云，主演汤唯、刘青云悉数亮相。为了给新片造势，汤唯此次回娘家显得格外兴奋，原来有最强后援团助阵。有了亲朋好友的鼎力支持，汤唯决定使出杀手锏，平时很少献唱的她，在现场唱起了主题曲《永远的微笑》。

【口播】今年是中国人民抗日战争暨世界反法西斯战争胜利七十周年，电影界拍摄出了一批优秀的抗战电影诚意献礼，这里面有唐国强、邓超等人主演的《百团大战》。备受各界关注的影片将从明天开始正式上映。目前电影界台前幕后各位明星大腕都参与到了“百星力荐百团”的活动当中来，包括李冰冰、范冰冰、佟大为、吴京，纷纷转发《百团大战》购票链接的微博，粉丝们也反响强烈，引发了一场热烈的讨论。此次活动明星们一起自发的推荐转发活动，必将更加点燃爱国热情，而“铭记历史、缅怀先烈、珍爱和平”这一抗战主题活动，也将被推向高潮。接下来，让我们将目光转向根据真实历史故事改编的影片《诱狼》，自从上映以来，强烈的战争场面吸引了不少观众的眼球。当然，在这些战争电影中的背后，少不了幕后英雄的功劳，今天就让我们走进武行和枪械师，为你解密《诱狼》是怎么炼成的。

【配音】在战争影片中，少不了厮杀与肉搏，要想战争场面打得漂亮，武行演员功不可没。为了呈现逼真的效果，他们甘当绿叶，在《诱狼》的拍摄过程中，当导演提出要求，武行就要竭尽全力完成，扭伤、刮伤都是家常便饭，刺刀见血、机枪扫射、枪林弹雨。除了武行的勇往直前，枪械师的鼎力配合也是必不可少的。正是这样配合，才会有《诱狼》中震撼的场面。

【口播】今天是星期四，本栏目送上“电影之美”版块，将与您分享《恋爱中的城市》之美。爱上一个人，爱上一座城，这是集结了杨幂、白百合、阮经天、张孝全等十位男神女神的爱情影片，打动了不少观众。五对恋人在世界的五座城市，各自收获自己的爱情，不知道你更偏爱哪一种呢？

【配音】要说电影《恋爱中的城市》美在何处？影片取景布拉格、上海、巴黎、北海道，佛罗伦萨五座城市，风景优美，可不一般。无论是布拉格广场，还是北海道皑皑白雪、巴黎夜景，观众们在观看电影的同时，更像是来了一场环球旅行。而除了优美的风景，各个城市不同的文化气息也极具感染力，佛罗伦萨街头的舞蹈、上海的时尚气息以及北海道的温暖人家，这些都赋予了这部影片丰富的文化气质。除了养眼的景色，影片中更为打动人的当然是风景中的恋人，影片由五段爱情拼接而成，杨幂与郑凯元的爱情极具戏剧性，江疏影和李贤宰的爱情以美食为主，江一燕与张孝全的新婚之旅，黄轩和张蓉蓉的“人鬼情未了”，白百合与阮经天的意外爱情……每座城市都有它独特的气质，每段爱情都有它动人之处，将爱情与城市结合，更赋予了独特的爱情气息，爱上一个人，将爱上一座城，你信吗？

【口播】看完国内影讯，接下来让我们将视线转向国际。近日韩国动作喜剧《侦探》在首尔举行了新闻发布会，主演权相佑和成东日现身。为了配合影片中的幽默气氛，两位男星在现场十分活跃，面对记者问答也是爆点频出，看来为了新片宣传，他们也是豁出去了。

【配音】当天权相佑和成东日一身侦探标配服装亮相，然后就开始了各种扮酷耍帅，两人故作姿态的姿势也让影片的搞笑气氛呼之欲出。在影片中权相佑扮演一名想要成为侦探的漫画家，成东日则扮演一名老刑警，为了调查一起凶杀案，两人合作，擦出了爆笑的火花。本片将于 9 月 24 号在韩国上映，当天正逢韩国的中秋档期，还有《西部战线》等一些本土影片。面对即将到来的撞档，两位主演一点也不担心，权相佑甚至现场叫板其他影片，信心爆棚，成东日也紧接着开始爆起了影片的料，可见两位男星为了影片豁出去了。法国系列电影《玩命速递 4》完美上映，在前三部，由英国男神杰森·斯坦森扮演的男主角马丁非常深入人心，而到了《玩命速递 4》，这个角色换成了新的演员艾德·斯克林。为了更好地扮演马丁，艾德开始练功夫，甚至带伤上阵，一点也不敢掉以轻心。《玩命速递 4》的剧本依然由前三部的编剧吕克·贝松编写，因此故事的质量有了很大的保证，而由新人扮演的马丁能否再次点燃影迷们的热情，我们拭目以待。

【口播】好了，今天的节目就到这里，明天 17 点 36 分《中国电影报道》，更多电影资讯等着你，我是蓝羽，明天见！

（2015 年 8 月 27 日中央电视台电影频道《中国电影报道》）

例稿1.3.10

一组体育简讯

瑞士女排精英赛季军夺冠赛

瑞士女排精英赛昨晚全部结束，在季军争夺赛当中，中国女排以 3 比 1 战胜了阿根廷队，获得了铜牌，龚翔宇得到了中国队最多的 17 分。赛后，她被评选为最佳接力，在冠军争夺战当中，巴西队以 3 比 0 横扫德国队，一举夺魁。

中国女足与芬兰女足的友谊赛圆满结束

昨天下午，中国女足国家队在常州与芬兰女足进行了一场友谊赛。芬兰女足在开场第五分钟就取得了进球，落后的中国队随后稳扎稳打，在上半场由肖裕仪将比分追平，下半场，马君、王珊珊和宋端为球队建功，最终中国女足以 4 比 2 的比分战胜对手。

中国队在上海完成了世界女子水球联赛总决赛的最后一场比赛

昨天下午在上海，中国队完成了世界女子水球联赛总决赛场的最后一场比赛，她们以 4 比 14 不敌戴蓝色泳帽的荷兰队，最终在八支队伍当中名列第六。在参加的六场比赛当中，中国队取得两场胜利，比参加里约奥运会时多了一个胜场。

国足即将在马来西亚迎来12强赛的对手

明天，国足即将在马拉西亚迎来 12 强赛的对手叙利亚队，昨天球队在驻地新山进行了训练，队员们表示只要有一线希望，就要争取进军 2018 俄罗斯世界杯，此前传出伤情的王永珀、张琳芃等人并无大碍，他们都随队参加训练。

全国公路自行车冠军赛在陕西商洛开赛

全国公路自行车冠军赛总决赛上周末在陕西商洛开赛，本站比赛是冠军赛争取全运会积分最高的一场比赛，所以各队也是派出了他们的最强阵容来参赛。在昨天进行的男子公路大组的比赛中，上届全运会冠军、山东选手马光通获得冠军。

（2017 年 6 月 12 日中央电视台体育频道《体育晨报》）

例稿1.3.11

中国队收获四金一铜

在刚刚过去的里约奥运会第 15 个比赛日中，除了中国女排夺冠之外，中国代表团还收获了三枚金牌一枚铜牌。

在今晨结束的跳水男子 10 米台决赛中，中国选手陈艾森以近乎完美的表现获得了三个百分以上的高分，尤其最后一跳，向后翻腾两周半转体两周半的高难度动作获得了 108 分的满分，夺得金牌。

跆拳道女子 67 公斤以上级决赛中，中国选手郑姝音收获了个人的奥运首金。

羽毛球男子单打决赛，中国选手谌龙以 2 比 0 战胜马来西亚选手李宗伟，获得冠军。

高尔夫女子个人赛结束最后一轮的角逐，冯珊珊获得铜牌，成为首位赢得奥运会高尔夫球奖牌的中国选手。

目前，中国队以26金18银26铜，共70枚奖牌位居奖牌榜第三位。

（2016年8月21日《新闻联播》）

训练提示：

1. 体会文娱、体育新闻的语速、感染力，把握文体圈动态和文娱、体育节目的特点。播报时应注意区分文娱与体育新闻播报不同的播报特点，把握好与观众沟通交流的状态。

2. 认真体会和区分文娱、体育新闻与时政新闻、民生新闻等不同的播报特点与方式，并通过练习不断强化。

3. 节奏明快、热情大方、叙事清楚、亲切自然、有感染力。

任务拓展

1. 从已播出的文娱、体育新闻中下载素材，不少于5条，口播部分由学生上镜完成，新闻片配音部分由学生自己完成，制作成一组完整的文娱、体育新闻节目。

2. 以小组为单位，策划完成一期校运会或校园艺术文化节（或当地的文化、体育活动）的新闻播报节目。

评价方法

考核表

考核模块	考核内容	考核方式	考核点	分值
（一）知识与技能目标	1. 对文娱、体育新闻播报理论知识进行回顾、总结；	理论测验	1. 准确说出文娱、体育新闻播报的含义、播报特点、语言特征；	10
	2. 对例稿1.3.9和例稿1.3.10进行现场播报；	技能训练	2. 掌握文娱、体育新闻播报的特点； 3. 播报语言规范、富有节奏感、新鲜感强； 4. 播报节目对象感强； 5. 播报状态积极、感染力强；	20
	3. 以小组为单位，策划作一期文娱、体育新闻播报节目，时长8分钟。	作品评审	6. 运用文娱、体育新闻的播报特点对娱乐、体育新闻进行播报； 7. 策划、文稿、稿签齐全； 8. 节目导向、基调正确、重点突出； 9. 语音规范，播报活泼、跳跃、有激情； 10. 节目编排合理、制作精良。	50

考核模块	考核内容	考核方式	考核点	分值
（二）过程与方法目标	合作完成节目成品的过程表现。	综合评价	1. 获取、搜集、整理信息，甄选有价值的信息； 2. 制订、实施工作计划； 3. 分析、发现、解决问题； 4. 具有运用理论知识的能力； 5. 及时完成工作任务。	10
（三）情感、态度、价值观目标	出勤纪律、工作态度（违反第一条，10 分全无）。		1. 遵守工作纪律，自我约束力强，不迟到、早退、旷课； 2. 有职业道德与社会责任感； 3. 有较强的新闻敏感性，有一定的新闻工作者的人文关怀意识； 4. 语言沟通能力、组织协调能力强，与团队成员团结协作，共同完成工作任务； 5. 实事求是地完成工作评价，给出合理分值。	10
评分标准：优 90—100 分，良 80—89 分，及格 60—79 分 总分 = 自我评分（20%）+小组评分（30%）+教师评分（50%）				
改进建议				

项目四　民生新闻播报

任务1 民生新闻播报前的备稿

课前热身(评述新闻)：（对下面的新闻进行评述，完成一篇口头小议论文；要求观点鲜明、状态积极、语言流畅；时长2分钟。）

武汉42岁大叔考回母校再当大一新生:想换个活法

2015 年 8 月 30 日，武汉工程科技学院经济与管理学院会计电算化专业迎来了一名“大叔级”新生王红爱，他在来报到的前 3 天刚过完 42 岁生日。“这是我第二次来这所学校当新生了，上次是 1999 年（当时还是技校）。”来自湖北当阳市玉阳镇的王红爱说起曾经的经历，十分坦然，他称技校毕业后进入一家金融机构上班。2002 年，因不习惯单位人情世故等原因辞职。

离开单位的第二年，他到西安一家英语培训机构学习英语，因语言天分不够、学习难度过大等原因最终放弃，回家后个人的感情问题也受挫。遭受双重打击的王红爱觉得老天不公平，在7年的时间里始终心灰意冷。直到有一天突然想起了曾经的大学梦，便决定实现它。

学习目标：了解民生新闻的含义，掌握民生新闻播报的语言特点，民生新闻备稿方法。

案例导入：陆兵假期在某电视台实习，一直跟着记者跑民生新闻。某天直播前他把当天采访的一条《公交车经常抢道，而交警却视而不见》的新闻稿交到主播袁芳的手中。在直播间，袁芳根据口播的内容加了一段自己的表达："大马路上车来车往，川流不息，要问这么多车里边谁最牛？我就觉得是大公共。咱经常能看见人高马大的公交车三下两下就把身边的小车挤到一边去了，所以小车司机最怕大公共。大公共违章的现象也是常见啊，但令人不解的是其他违章一般都难逃交警的眼睛，而大公共违章却依然大摇大摆、理直气壮。"从袁芳的这段话中可以看出，在她开播正题之前就已经"未成曲调先有情"，把自己当成了老百姓的知心朋友。袁芳轻松幽默的播报状态和精准的点评让陆兵很震惊，自己在学校播报新闻都是要按稿件内容一字不落地念的呀。

袁芳为什么要加一段自己的话？民生新闻有什么特点，该如何进行播报准备呢？

近年来，民生新闻风行全国，各地媒体纷纷推出了民生新闻节目，如广东南方电视台《今日一线》、湖南都市频道《都市1时间》、黑龙江电视台《新闻夜航》、江苏电视台《南京零距离》等。2009年，央视也加大了新闻节目的改版力度，将品牌栏目《新闻30分》更换整体包装，使《新闻30分》更加关注百姓生计，语言生动、贴近生活，节奏上张弛有度的鲜明风格，赢得了中高文化层次受众的关注和喜爱。

一、民生新闻的定义

民生新闻是以市民日常经济、社会生活息息相关的新闻事件为主要报道内容的电视新闻。民生新闻强调的是电视媒体、电视从业人员从民本的立场、观点、态度出发，对市民百姓的生活进行报道，体现媒体关注民生的责任。

二、民生新闻播报的语言特点

民生新闻主播不光只播报新闻，还要恰当评论新闻事件。民生新闻播报的最大特点就是节目中穿插了大量的主持人评论语言，即个性化的评论语言。而受到文化水平、个人阅历、思维方式、表达习惯等因素的影响，不同的人对于同一事物会有不同的理解和表达，因此，不同的民生新闻节目主持人的评论语言有着明显的区别。民生新闻反应的是"平民视角、民生内容、民本取向"，所以要把握口语化、叙事化的播报特点，注意语言亲切随和，把握与观众沟通交流的状态。

三、民生新闻播报的备稿

为了把握正确的播音基调，民生新闻播报前必须按照备稿六步认真备稿，深入理解，使新闻的播报体现传播的目的。

课堂训练

例稿1.4.1

一组民生新闻

【背景介绍】《今日一线》是广东南方电视台最具影响力的民生新闻栏目，是广东普通话电视节目的标杆。

民生视角、本色报道，观众朋友好，欢迎收看正在直播的《今日一线》，首先我们一起来看一下封面故事。

大一学生课余时间拍公益短剧引关注

【导语】有人说大一的学生是最幸福的，因为他们不愁吃、不愁穿，功课不紧张，睡觉睡到日上三竿，不过一线记者最近认识了中山大学翻译学院的三个大一学生，他们不甘寂寞，拿起DV机拍了一系列的公益系列短剧，挂到网络上之后立刻引来了无数粉丝的热捧。

男子“霸占”的士五天五夜

【导语】这里是正在直播的《今日一线》，如果你觉得自己是一个特别有毅力、有耐力的、不达目的绝不罢休的人，那么下面这位是你的同类。东莞这名男子在一辆出租车里已经待了五天五夜了，他是一名三轮车司机，为了霸占这辆出租车他已经五天没洗澡了，就怕这出租车不保哇！这等耐力，我真是自叹不如，但是一名三轮车司机为什么要霸占一辆出租车呢？

暴雨来袭　街坊淡定剪发

【导语】我们再来看这幅图片，这位街坊之淡定也让人望尘莫及，大水都没过脚脖子了，也能安然自若的理发，大自然的威胁也丝毫不能动摇她追求美的决心，这一幕是昨天梅州记者抓拍到的画面，那么暴雨对梅州究竟造成多大的影响，三分钟后的《今日一线》，我们一起来看看。

【结束语】好了，今天的节目就是这样，想回看更多的新闻，请关注本台官网梅子推送以及我们《今日一线》的官方微信服务号，我们明天再见！

（2015 年 9 月 1 日广东南方电视台《今日一线》）

训练提示：

1. 把握口语化、叙事化的播报特点，注意语言亲切随和，把握与观众沟通交流的状态。

2. 在熟悉稿件时要区分民生新闻与时政要闻、体育新闻、娱乐新闻播报方式的不同，把握口语化、叙事化加评论的民生新闻播报特点。

3. 仔细体会“平民视角、民生内容、民本取向”，做到叙事清楚、新鲜感强。

任务拓展

1. 选择一条课堂训练例稿，写出备稿分析笔记。

2. 将课堂训练例稿策划、编辑成一期民生新闻节目，并制作成民生新闻节目成品。

问题思考

1. 什么是民生新闻？

2. 民生新闻播报的语言特点有哪些？

评价方法

考核表

考核模块	考核内容	考核方式	考核点	分值
（一）知识与技能目标	1. 对民生新闻播报前的备稿理论知识进行回顾、总结；	理论测验	1. 准确说出民生新闻的定义、民生新闻播报的语言特点和民生新闻的备稿方式；	10
	2. 对例稿 1.4.1 进行播报；	技能训练	2. 掌握民生新闻播报的语言特点； 3. 写出备稿分析笔记，把握正确的传播目的； 4. 播报叙事清楚、新鲜感强； 5. 语言亲切随和、把握与观众沟通交流的状态。	20
	3. 将课堂训练例稿编辑成一期完整的民生新闻播报节目，时长 5 分钟。	作品评审	6. 运用民生新闻的播报特点进行民生新闻播报； 7. 在播报中体现正确恰当的态度与分寸； 8. 播报亲切随和、节目对象感强； 9. 节目导向正确、主题突出； 10. 语音规范、播报流畅。	50

续表

考核模块	考核内容	考核方式	考核点	分值
（二）过程与方法目标	合作完成节目成品的过程表现。	综合评价	1. 获取、搜集、整理信息，甄选有价值的信息； 2. 制订、实施工作计划； 3. 分析、发现、解决问题； 4. 具有运用理论知识的能力； 5. 及时完成工作任务	10
（三）情感态度、价值观目标	出勤纪律、工作态度（违反第一条，10 分全无）。		1. 遵守工作纪律，自我约束力强，不迟到、早退、旷课； 2. 有职业道德与社会责任感； 3. 有较强的新闻敏感性，有一定的新闻工作者的人文关怀意识； 4. 语言沟通能力、组织协调能力强，与团队成员团结协作，共同完成工作任务； 5. 实事求是地完成工作评价，给出合理分值。	10
评分标准：优 90—100 分，良 80—89 分，及格 60—79 分 总分 = 自我评分（20%）＋小组评分（30%）＋教师评分（50%）				
改进建议				

任务 2 民生新闻播报的评论技巧

课前热身（评述新闻）：（完成一篇口头小议论文，要求观点准确、层次清晰、语言表达流畅，时长2分钟。）

14岁男孩扶老人后被揪住索要500元治疗费

2015 年 8 月 14 日早 8 时，汉中，雨天。14 岁的汉中实验中学学生小何约了同学去打篮球，当他骑车到城北客运站附近时，看到一名骑电动车自东向西行驶的老人突然摔倒在路中间。小何停下自行车，冒雨跑至老人摔倒处查看并搀扶老人起来，见到老人头部有血迹，立刻拨打了 120。

几分钟后，120 急救车赶到，医生随即对老人进行了检查。可当小何准备离开时，老人一把揪住他，说是小何绊倒了他，并索要 500 元治疗费。委屈的小何边哭边给自己的父亲打电话说明情况，父亲赶到后报警。

汉中市公安局汉台分局北关派出所民警到场后，了解到老人姓张，系汉中市汉台区武家沟村人。民警发现事发地对面汉中供电局变电运维一班院内有监控设备。监控明确记录：是小何发现老人摔倒后掉头搀扶老人，民警对老人进行了批评教育。

学习目标：了解民生新闻播报的特点，掌握民生新闻播报节目短小、一事一议的特点，掌握民生新闻的评论技巧。

案例导入：某电视台向社会招聘“民生聚焦”节目主持人，考场题目是陈述“活熊取胆”事件并进行评论。李敏是播音专业毕业的学生，语言流畅、形象气质出众，给评委留下了深刻印象。面试快结束时，一位很有个性的男士陈述事件准确独到，语言幽默，评论观点客观理性，令评委眼前一亮。最后这位男士被聘上。那么如何评论新闻事件，民生新闻的评论又有何技巧呢?

一、民生新闻的评论形式

民生新闻的评论没有固定形式，主持人往往处理成“串联词+新闻主体（画面/录音）+三言两语的点评”的形式。广播电视民生新闻节目主持人针对新闻事件所做的专门评论，往往采用独立成篇的“主持人小言论”，即“串联词+事件内容（画面/录音）+主持人小言论”。

二、民生新闻播报的特点

1. 把握平民视角

平民视角既是民生新闻节目的观念定位，也是民生新闻主持人的最佳传播策略，更是民生新闻点评的成功之道，它渗透在整个节目的每一个层面。作为地方性民生新闻栏目，《南京零距离》和《第七日》正是把握住了受众的心理特性,把新闻表达重点放在“怎么说”，让受众主动摄取而非被动接受新闻信息。因此，主持人在点评时要注意情感拿捏，无论说什么都应站在老百姓的立场上，说出老百姓的心里话，不是生硬地教化和低俗地责骂。

2. 理性简洁，直截了当

民生新闻主持人在节目中常以一种“冷眼相看”的方式加工信息，使新闻评论更加理性简洁、直截了当，可谓“一语中的”。主持人将新闻的评论融入个性化的语言风格，或灵活，或轻松，或幽默，或犀利。这样的评论看似简单，只是几句家常话，却又不是随意说出的。这要求主持人学会提炼，把深刻的道理用浅显易懂的语言表达出来，从而使节目贴近现实、贴近生活、贴近大众。

3. 幽默形象，深入浅出

民生新闻主持人经常会利用讲故事、打比方的方式，给新闻内容“换个说法”，从小事入手，再由小及大，深入浅出地帮助老百姓分析、理解新闻事件背后的意义。而且，他们还经常巧妙地运用为老百姓所熟悉的、具有地域特色的口语、土语、俗语和歇后语等“辅助”手段，来配合叙事说理。这样，民生新闻节目主持人的语言就不会干涩、呆板、程式化，而新闻中那些有待挖掘的意蕴也变得直白、丰富和鲜活了。

课堂训练

例稿1.4.2

一组民生新闻

各位观众好，欢迎收看《都市1时间》，我们的微信公众号已经正式开通，如果您有任何的新闻线索，欢迎您扫描屏幕下方的二维码进行关注，随时以文字、图片、视频的方式给我们提供新闻线索。

货车违规开上人行道撞碎店铺广告牌

说到这个违章停放，特别是在交通干道违章停放不讲规矩的话，很可能带来很大的麻烦，接下来我们就要说这样一件事，在我们长沙的芙蓉路上，如果违停会带来什么样的麻烦呢？让我们来看下面这条新闻。

【口播点评】违停这样的事情所带来的麻烦，可能要比你想象得大很多，那么为了他人也为了自己，请您一定不要违章。好，我们来看下一条。

因询问站次心生不满　男子竟拳殴公交司机

昨天在长沙的802路公交车上，7个小时之内接连发生两起乘客殴打公交车驾驶员的不文明行为。昨天下午3点多，当一辆802路公交车行驶到朝晖路口附近时，车上一名黄衣乘客曾多次向驾驶员问路，驾驶员石先生表示车载报站系统会实时进行提醒，但这名乘客突然不知怎么来了脾气，挥拳相向，这让坐在车上的乘客们事后回忆起来都后怕不已。

【口播点评】打人行为本来就已经涉嫌违法，而在公交车行进过程当中向驾驶员动手施暴，更严重威胁到车上乘客和路面其他车辆、行人的安全，现在警方已经对这位动粗的乘客展开了调查。

男子治愈后“赖”在医院多日　医护人员不堪其扰

今天长沙市附一医院的医护人员向我们打电话求助，称早在8天前一名身负重伤的中年男子被送到医院急救，5天后该男子痊愈，但让人意想不到的是，随后这名男子竟然赖在医院不走了，不管医生怎么劝说，该男子就是不肯出院，近几天来他的吃喝拉撒都要急诊科的护士们照顾。

今天下午，医院已经通过当地派出所将戴先生送往救助站，进行了安置。

好，感谢您收看今天的《都市1时间》，如果你有任何新闻线索，欢迎您拨打我们的新闻热线0731-84802110，明天同一时间我们再会。

（2015年1月21日《都市1时间》）

训练提示：《都市1时间》是湖南都市频道的一档大型民生新闻节目，节目以"民生视角、本色表达"为新闻理念，收视久居湖南所有新闻栏目第一位，获全国百佳电视栏目奖、全国十佳电视民生新闻栏目。请同学们对《都市1时间》节目稿件内容进行模仿训练，认真体会民生新闻语言灵活、一事一议，以主播的身份发表个性化评论的特点。注意语言处理要深入浅出、理性简洁、直截了当。

任务拓展

1. 将课堂训练例稿录制成一期民生新闻播报音频节目。

2. 以小组为单位，搜集"环保"题材的民生新闻素材，策划、制作一期 5 分钟的民生新闻节目。

问题思考

1.民生新闻的评论形式是什么？

2.民生新闻播报的特点有哪些？

评价方法

考核表

考核模块	考核内容	考核方式	考核点	分值
（一）知识与技能目标	1. 对民生新闻播报的理论知识进行回顾、总结；	理论测验	1. 准确说出民生新闻播报的特点；	10
	2. 对课堂训练例稿进行模拟播报；	技能训练	2. 掌握民生新闻播报节目短小灵活、一事一议，个性化评论的技巧； 3. 播报亲切随和、对象感强； 4. 播报叙事清楚、新鲜感强； 5. 状态积极，富有表现力；	20
	3. 以小组为单位策划制作一期民生新闻播报节目，时长 5 分钟。	作品评审	6. 运用民生新闻一事一议的特点，对民生新闻进行恰当点评； 7. 在播报中体现民生新闻播报的态度与分寸； 8. 策划、文稿、稿签齐全； 9. 节目导向正确、主题突出； 10. 语音规范、播报流畅、编排合理、制作精良。	50

续表

（二）过程与方法目标	合作完成节目成品的过程表现。	综合评价	1. 获取、搜集、整理信息，甄选有价值的信息； 2. 制订、实施工作计划； 3. 分析、发现、解决问题； 4. 具有运用理论知识的能力； 5. 及时完成工作任务。	10
（三）情感态度、价值观目标	出勤纪律、工作态度（违反第一条，10 分全无）。		1. 遵守工作纪律，自我约束力强，不迟到、早退、旷课； 2. 有职业道德与社会责任感； 3. 有较强的新闻敏感性，有一定的新闻工作者的人文关怀意识； 4. 语言沟通能力、组织协调能力强，与团队成员团结协作，共同完成工作任务； 5. 实事求是地完成工作评价，给出合理分值。	10
评分标准：优 90—100 分，良 80—89 分，及格 60—79 分 总分 = 自我评分（20%）+小组评分（30%）+教师评分（50%）				
改进建议				

任务 3 民生新闻播报的尺度

课前热身（评述新闻）：（对下列新闻事件进行评述，完成一篇口头小议论文；要求快速组织语言，观点鲜明语言流畅；时长2分钟。）

男子抄写168米长《毛泽东文集》献礼抗战纪念日

在抗战胜利 70 周年纪念日到来之际，河南省方城县 57 岁男子周奇用小楷字对《毛泽东文集》中抗战时期所有文章抄写完毕，他用这幅 60 万字、长达 168 米的书法长卷为抗战胜利 70 周年献礼。

在方城县释之街道办记者见到了周奇。他带着白手套，小心翼翼地从盒子里取出这幅刚刚完工的书法长卷，给记者展示。随着长卷在桌子上徐徐打开，墨香飘出，一行行蝇头小楷字映入眼帘。字字独立，却又彼此照应，血脉相通。字与字，行与行，偃仰相背，穿插避让，给人以不激不厉，清静绝谷之感。

《毛泽东文集》一共八卷，其中关于抗战时期的所有文章集中在第二卷、第三卷，共计 188 篇、60 万字。周奇介绍说，自己从 2012 年 4 月开始，断断续续用了 3 年多时间，基本都是在夜深人静时伏案抄写。紧赶慢赶，终于在抗战胜利 70 周年纪念日到来之际完工，一表爱国之情。

学习目标：了解民生新闻播报应注意的问题，掌握民生新闻播报的分寸要求，运用民生新闻播报的技巧完成民生新闻播报。

案例导入：刘亮同学假期在某县电视台的《民生浏览》栏目组实习了一个月，发现这个栏目为了迎合一部分观众的低级趣味和不太健康的心理需求，经常爆料百姓个人的隐私或是扒开别人的伤口来进行评论，让人看起来很不舒服。刘亮同学很纠结，民生新闻节目一定要这样做么？《民生浏览》栏目的定位有没有问题？

作为民生新闻节目，不能以爆料百姓个体隐私为噱头。作为一名民生新闻节目主播，首先必须了解民生新闻报道应该注意的问题。

一、民生新闻报道应该注意什么

1. 报道思想的定位：强烈的民本意识

民生新闻节目要尊重受众的知情权和话语权，鼓励受众积极参与到民生新闻传播过程中来，对社会事务发表自己的意见、见解，进行讨论，并最终达成共识。受众在参与现场短信调查、打来热线电话、拍摄DV新闻时，不仅是新闻事件的关注者，更是新闻事件的参与者和传播者，大大凸显了受众的主体性地位。

2. 报道内容的选择：以贴近性和地域性取胜

家长里短，邻里纠纷，各种困难都是民生新闻报道的对象。要秉承“帮扶就在你身边”的理念，实事求是，依靠各方力量，为老百姓解决实际困难。要知道，发生在老百姓身边、跟老百姓生活息息相关的事情，正是老百姓所关注的事情。

3. 报道方式：现场直播，记者参与，全程跟踪

让记者介入到百姓求助的事件中，全程关注、跟踪事件，不仅给予报道，还最大限度地给予帮助，直到问题解决；注重主持人播报方式及语言、语气的表达，以新颖和悬念吸引受众，力求亲和力。

4. 拓宽报道范围，开拓公共空间

民生新闻讲述老百姓自己的事，受到老百姓关心和喜爱。民生新闻还可以在大的经济政治环境下讲述小的故事，拓宽自己的报道范围，开拓公共空间，维护百姓的公共利益。

5. 增加厚重感

民生新闻采用直播方式迅速报道当日当时当地新闻，关注民众生活琐事，短平快，最能体现“三贴近”原则，但难免琐碎，在广度与深度上难免有欠缺。因此，要扩展节目的厚度和深度，挖掘节目深处蕴藏的意义。

6. 避免低俗化倾向

民生新闻要做到“三贴近”，但不能把平民视角、贴近性、亲切感与肤浅、泛化、微不足道甚至粗制滥造等同起来。不能一味迎合个别观众的低级趣味，要注重对观众的正确引导。

二、如何把握民生新闻播报的尺度

民生新闻节目主持人应该加强理论学习、道德修养，丰富知识面，在播报中把握好四个方面的“度”。

1. 政治的度

坚持党性和人民性一致性原则。现实生活中，人民群众盼望通过舆论监督解决的问题，也是党和政府正要着手解决的问题。我们完全可以在党和政府关注的重点、各级党政部门着力解决的难点、人民群众关注的热点的结合处寻找点评的突破口。

2. 态度的度

民生新闻点评的初衷应该是善意的，评价的态度应该是公允的，播出后的效果应该是积极的。与人为善体现在目的上，是使被监督者改进工作，改正错误，而不是“把别人逼到死路上去”；体现在方法上，是摆事实，讲道理，不扣帽子、不打棍子。

3. 角色的度

民生新闻点评要做到以人为本，必须把握好角色的度。民生新闻评论应该合理、恰当地反映人民群众的意见，才能最大限度地克服舆论监督对人的不必要的伤害。

4. 法律的度

民生新闻主播应该具备很强的法律意识和较专业的法律知识，明确自己在发表评论时的权利和义务，明确与采访报道的内容有关的法律、法规。要把握好新闻评论法律的度，最重要的是要做到报道程序合法、报道行为合法和报道内容合法。

关注民生新闻事件，要求我们通过对身边典型小事、典型细节的报道，赋予其一定的情感、意义和判断，倡导一种社会理智、社会观念、社会秩序、社会道德和社会风尚，以期推动全民共建社会规范体系。

课堂训练

例稿1.4.3

一组民生新闻

【背景介绍】辽宁卫视《第一时间》节目在新闻的广度、深度、关联度上下功夫，本着“服务市民，以人为本”的宗旨，充分体现“贴近实际、贴近生活、贴近群众”的原则和本土化的特色，成为城市市民的“信息超市”，节目中主播出镜的形式也很有新意。

节目开场双人坐主播台

“把握第一时间，拥有美好一天”，这里是辽宁卫视正在为您直播的早新闻《第一时间》，首先让我们一起来关注一下天气。

女主播坐着播报

今天，历时五年建设的沈丹客运专线正式开通运营，初期列车运行时速是250公里，沈阳至丹东的最短运行距离将由原来的用时3小时34分缩短到1小时11分。

男主播站着播报

去丹东、去本溪，坐上高铁听几首歌的时间就到了，想想都会让人非常惬意。还有一件事如果说起来的话，很多人就会更加感兴趣了，那就是除了这一路上的美景之外，还有走过路过不能错过的美食，“好吃的忒多了”。咱们先一站一站说。首先是本溪的羊汤、还有咸鱼饼子和本溪自成一派的烧烤，你如果不尝一下的话，那就根本不叫去过本溪。还有就是丹东，到了丹东之后有肥美的黄蚬子、酸甜可口的丹东草莓、苏叶饼、炒茬子、虎头蟹、面条鱼、板栗，都是绝对不可以错过的美食。还有一个就是这个鲜红味美的河口艳红桃，如果可以吃上一口的话，绝对可以甜掉大牙，现在直播，我只好等会再吃了。

女主播坐着播报

欢迎回到正在直播的《第一时间》，今天是9月1日，很多新规将从这一天开始实施，相信会与你我的生活息息相关，那么会带来怎样的影响呢？让我们一起来了解一下。

男主播站着播报

“天天生活秀”，我们一起来看一下平凡人的幸福生活，观众王涛发来图片说：“我家有两个宝贝儿，王亚茹是姐姐、王浩明是弟弟，相亲相爱过暑假，说的就是他们俩的故事，真的非常开心，真的期待下一个假期。”快开学了，姐姐和弟弟整装待发，姐姐说：“妈妈拍照吧，上‘天天生活秀’！在一旁的弟弟非常配合，就拍下了这张照片。”新学期这姐弟俩要好好学习呀。

还有观众黄鹂，她说：“宝贝儿子刚刚上小学一年级，希望他在以后的日子里能够天天开心，好好学习、天天向上！”

开学之后我们要迎来教师节，我们开始征集“难忘师恩主题图片秀”，欢迎大家积极参与。

节目结束双人坐主播台

今天的《第一时间》就到这里结束了，感谢您的收看，我们明天同一时间再见。

（2015年9月1日辽宁卫视《第一时间》）

训练提示：

1. 模仿训练，仔细分析民生新闻的播报应该注意些什么，以及如何把握民生新闻播报的尺度。

2. 面对镜头模拟播报，要求语言流畅、轻松幽默，注意面部表情与肢体语言的配合。

3. 检验同学们新闻稿件的理解程度，对不同的民生新闻进行评论，能否客观理性地表达自己的见解，尊重受众的知情权和话语权，吸引受众积极参与到新闻传播过程中来。

任务拓展

1. 将课堂训练例稿录制成一期民生新闻播报节目。

2. 以小组为单位，策划一期主题为“诚信友爱、和谐社会”的民生新闻节目，分工协作，搜集素材，编辑、播音、制作完成民生新闻播报节目，时长 5 分钟。

问题思考

1. 民生新闻的播报应该注意些什么？

2. 如何把握民生新闻播报的尺度？

评价方法

考核表

考核模块	考核内容	考核方式	考核点	分值
（一）知识与技能目标	1. 对民生新闻播报的尺度理论知识进行回顾、总结；	理论测验	1. 准确说出如何把握民生新闻播报的尺度；	10
	2. 对《第一时间》节目进行模拟播报；	技能训练	2. 掌握民生新闻播报的尺度要求； 3. 播报亲切随和、节目对象感强； 4. 新闻事件表述清楚； 5. 状态积极、富有表现力；	20
	3. 以小组为单位策划一期主题为“诚信友爱、和谐社会”的民生新闻播报节目，制作成完整的播音节目，时长 5 分钟。	作品评审	6. 运用民生新闻播报的要求做好民生新闻节目的播报； 7. 播报中把握好民生新闻播报的尺度； 8. 策划、文稿、稿签齐全； 9. 节目导向正确，主题突出； 10. 语音规范，播报流畅，节目编排合理、制作精良。	50

考核模块	考核内容	考核方式	考核点	分值
（二）过程与方法目标	合作完成节目成品的过程表现。	综合评价	1. 获取、搜集、整理信息，甄选有价值的信息； 2. 制订、实施工作计划； 3. 分析、发现、解决问题； 4. 具有运用理论知识的能力； 5. 及时完成工作任务。	10
（三）情感、态度、价值观目标	出勤纪律、工作态度（违反第一条，10 分全无）。		1. 遵守工作纪律，自我约束力强，不迟到、早退、旷课； 2. 有职业道德与社会责任感； 3. 有较强的新闻敏感性，有一定的新闻工作者的人文关怀意识； 4. 语言沟通能力、组织协调能力强，与团队成员团结协作，共同完成工作任务； 5. 实事求是地完成工作评价，给出合理分值。	10
评分标准：优 90—100 分，良 80—89 分，及格 60—79 分 总分 = 自我评分（20%）＋小组评分（30%）＋教师评分（50%）				
改进建议				

任务 4 民生新闻播报综合训练

学习目标： 巩固民生新闻理论知识；对训练例稿进行合理编排，并上镜播报；自选训练例稿，策划、编辑、播音、制作成民生新闻播报音频节目；选择民生新闻题材，采访、拍摄、播音、编辑、制作，完成一期民生新闻播报视频节目。

课堂训练

例稿1.4.4

云南村民河中捕鱼　捞到2 000余克毒品

2015 年 7 月 2 日，云南彝良县柳溪乡村民李某下河捕鱼时，捞出一包块状可疑物，立即交到了乡派出所。后经民警鉴定，这包块状可疑物是毒品海洛因，经称毛重 2 266 克。

由于连日的暴雨，致使白水江河面水位上涨，原本清澈的白水江浪涛汹涌，黄沙翻滚。9 月 2 日一大早，彝良柳溪乡村民李某趁河水混浊提起渔网下河捕鱼，但因河水流速过快，忙活了大半天竟然毫无所获，李某便转移到牛街镇南厂办事处白水江回水湾处继续撒网捕鱼。

一网下去后，李某感觉到网往下沉，发现网内有东西，可能捕到鱼了，便高兴地慢慢收网，当提起网来一看，里面竟是一个白色塑料袋。出于好奇，李某便打开塑料袋看，发现里面有六块黄色胶布包好的块状物。

突然，李某脑海里想起前段时间派出所民警到他们村子里开展禁毒宣传时，宣传单上好像有类似的东西。李某仔细端详了一下那包物品，始终觉得这个东西十分可疑，便赶紧收起渔网来到柳溪派出所，主动把东西交到了民警手中。

经民警现场鉴定并通过专业检测，最终确定了李某打捞到的这袋东西就是毒品海洛因，经秤称，毛重 2 266 克。柳溪派出所随即依法对海洛因予以扣押，并对李某的做法给予肯定和赞扬。

民警提示，根据我国法律规定个人不能私藏毒品，否则将会面临法律制裁，如果私藏毒品数量较大还会被判处有期徒刑，因此，群众如果发现或是捡到毒品，应及时报告或上缴公安机关，切忌因一时贪念而触犯法律。

（2015 年 9 月 5 日云南网）

例稿1.4.5

女孩6岁与母亲走失　23年后凭记忆中的小桥找到父亲

今年 29 岁的任小梅 5 月底再次来到重庆寻找失散 23 年的父亲，在长寿区警方的帮助下，她终于见到了自己 63 岁的父亲唐万树。

任小梅 6 岁时与妈妈走失，后来，她被安徽的养父母收养。这几年中，她曾 4 次来到重庆寻找亲生父母，但都无功而返。今年，她再次来到重庆，一边打工一边寻亲。5 月底，她找到长寿区警方，询问记忆中依稀记得的儿时住地李坪村，小学校旁边有座小桥，小桥边上有个小卖部。在民警的帮助下，任小梅终于找到了分离 20 多年的父亲。

因为女儿的丢失，唐万树的妻子也没有回家，他的家庭彻底破灭，自己孤独地生活了 20 多年，前两年才和比他大 7 岁的一名老太太结婚。当唐大爷赶到派出所时，有些不敢认眼前的女儿，而任小梅却一眼认出了这个老头，就是她朝思暮想的父亲。民警拉着两人的手，和他们一起坐在椅子上，让他们慢慢聊天，聊女儿小时候的事情，聊走失那天的情况。最终确认眼前女子就是自己失散 20 多年的女儿时，老唐已经激动得说不出话来。

唐大爷说，20 多年前，老婆带着女儿回垫江娘家，谁知却一去不复返，从此再也没有消息。任小梅描述，她当时和妈妈一起回外婆家，在一个镇上买东西时和妈妈走散，后来被送到安徽，被一对好心夫妇收养。目前任小梅已经返回重庆沙坪坝上班，尽管她的经济条件并不好，但唐大爷说，她已经承诺，会每个月给父亲买烟买酒，照顾父亲的生活。

（2017 年 5 月 27 日新华网）

例稿1.4.6

大妈看错分隔符以为存款缩水 持砖头冲进银行乱砸

2015 年 9 月 3 日下午，林大妈手持砖头冲进银行乱砸，银行工作人员赶紧报警。民警到场后了解到，原来是林大妈和丈夫将存款凭证上的千位分隔符看错了，闹出误会。

3 日下午 3 时许，一名大妈手持砖头冲进位于鼓楼区西洪路的一家邮储银行，不由分说在柜台上乱砸，一连砸坏了两台评价器。在场众人都吓坏了，以为大妈要抢劫，银行工作人员赶紧报警。

鼓西派出所民警赶到现场后，将情绪激动的大妈控制住。大妈说："银行骗钱，我存的 7 万多元不见了。" 银行工作人员查询后发现，大妈的账户里原本有 1 万元，她又存入 6.9 万元，余额为 7.9 万元。钱就在账户里，她为什么来大闹？

民警仔细询问后了解到，大妈姓林，她和丈夫的文化程度都不高，在存款凭证的千位分隔符上闹了误会。原来，林大妈前日到该银行存款 6.9 万元，银行存款凭证上打印存入 69 000.00 元。她回家后将存款凭证拿给丈夫看，谁知丈夫把千位分隔符看错了，以为只存入 690 元。林大妈也没仔细看，认为丈夫说的就是对的，冲动之下带了 3 块砖头到银行，砸评价器撒气。

经过民警和银行工作人员的解释，林大妈终于明白账户中的钱没少，赶紧向银行方道歉。银行方看她认错态度较好，最终只要求她赔偿一台评价器的价钱 500 元，林大妈表示愿意赔偿。

（2015 年 9 月 7 日《贵州都市报》）

例稿1.4.7

十余年献血近3.6万毫升 这对“80后”夫妻怎么做到的

他，12 年来，121 次无偿献血，共 2.95 万毫升；她，10 年来，29 次无偿献血，共 6 400 毫升。按救治一名病患需用 400 毫升血液计算，两人献出的"一腔热血"可以救助 80 多人（次）。他叫刘鑫，她叫周翠，是一对"80 后"夫妻。夫妇俩多年坚持无偿献血的同时，还发动身边朋友积极参与。这种助人为乐的正能量，也感动了网友。刘鑫从事酒水生意，却几乎不喝酒，因为他要保障血液质量，确保有人需要时能第一时间撸起袖子救援。"我是 2005 年偶然接触到无偿献血的，当时是为助人为乐，献了 200 毫升……我也没想到竟能坚持 12 年。"

刘鑫说，一开始家人怕对身体有伤害多次劝阻，后来母亲看他身体没啥事，才由反对变为支持。妻子周翠至今还记得，她第一次献血，是与刘鑫谈恋爱、逛街时。“当时他看到一个献血车，就拉着我说去献血，进去后发现他其实经常来，和采血的医生非常熟，当时就觉得他很有爱心，增加了不少好感。”周翠说。每次献血的间隔期要有半年，刘鑫迫切希望帮助别人。夫妻俩得知血液成分中的血小板、血浆对一些病患作用大，且每隔半个月就可以再次捐献，便又开始定期捐献血小板、血浆。

10余年来，刘鑫夫妇不知不觉已献血3.59万毫升。宁夏血液中心新华街爱心献血屋的工作人员，几乎都见过骑电动车前来献血的这两口子。他们偶尔也会到献血屋当志愿者，在鼓励、帮助献血者的同时，传递献血知识。刘鑫还发动同事、亲戚等加入无偿献血队伍，其中坚持10余年的就有50多人。“有人问我‘你是不献血上瘾了，怎么总去？’我说我是对助人为乐‘上瘾了’，举手之劳就能温暖他人。”刘鑫说，这些年为无偿献血他没少往里面搭交通费。刘鑫夫妇坚持多年献血，感动了不少网友。网友“叮叮”说：“撸起袖子把简单的事情做一次容易，但做10多年，实在不凡！”网友“艾依”说：“无偿献血，温暖他人，为这样的正能量点赞！”“献血改变了我的生活。”这是采访时，刘鑫说得最多的一句话，刘鑫告诉记者：“因为要保证血液质量，除了坚持每天健步走，周末打羽毛球、乒乓球之外，我对饮食也尤为注意。”

在周翠看来，刘鑫被无偿献血改变的还有性格。“他以前性格内向，不爱吭声，现在更自信、更健谈了。”周翠说，做好事，内心的正能量会对一个人的性格和行为有正向的改变，她从刘鑫身上就看到了这一点。12年来，仅刘鑫一人就累积了不少本无偿献血证。刘鑫说：“跟我们的房产证放在一起，我把献血证当成我的宝贝，因为这些证书是一种纪念，也是爱心和责任心的一种体现。”

几乎每年的献血日，刘鑫夫妇都会出现在新华街爱心献血屋。从献血量上看，他们已是宁夏的佼佼者，夫妇俩也先后双双获得“全国无偿献血奉献金奖”等称号。刘鑫夫妇始终认为，帮助、带动更多人参与无偿献血，才能将温暖和爱心更好传递。

宁夏血液中心宣传招募科科长韩文丽说，血液是医疗的保障，再高端的医疗设施，没有血液作支撑，很多手术就难以为继。“这边是红光满面的献血者，另一边可能就是重症病患，血液是生命的礼物，献血则是爱心的见证，血液中心的每一袋救命血，都来自刘鑫夫妇这样的好心人一点一滴的支持。”

不仅是无偿献血，刘鑫还在2008年加入了中华骨髓库，希望能帮助更多人。

（2017年6月5日新华网）

例稿1.4.8

16岁高中生看风景不慎落水　苦抱桥墩6小时后获救

昨日凌晨5时10分左右，东湖磨山方家村一村民到田里浇水，听到八一路延长线光谷大桥东侧桥墩处有人呼救，便走了过去，看到一名男子浮在水中，紧紧抱住桥墩，正在呼救，赶紧报警。

磨山警务综合服务站两名民警和一名协警赶到现场。由于桥墩离岸有几十米距离，无法徒手施救，民警一边鼓励男子继续坚持，一边分头到附近船民和渔场找来2艘渔船，共同将男子救起。男子此时双腿已被冻僵硬，且发黑发紫。民警将其带回警务站，用浇淋热水的方式让其手脚逐步恢复知觉，又找来衣物给他换上。

经了解，男子姓叶，今年16岁，关山中学高二学生，随父母租住在东湖磨山方家村。8月31日晚11时左右，叶某因失眠，便出门散步闲逛，走到光谷大桥桥面时，出于好奇，便翻越护栏，想看看桥下的风景。不料，刚翻过去，就失足掉进桥下的菱角湖中。

叶某是个“旱鸭子”，幸好他落水后再度浮起时，顺手贴住了4号桥墩的一侧。叶某赶紧将整个身体靠上去，双手双腿紧紧“箍住”桥墩。待稳住身体后，他开始大声呼救，无奈当时已是深夜，任由他呼叫，都没任何回应。就这样，一直等到菜农发现他为止。据了解，叶某已被其父母领回家，目前身体无异常。

（2015年9月2日《长江日报》）

例稿1.4.9

钱包“流浪”11年　南京民警接力上演“完璧归赵”

11年前丢失在茫茫人海中的钱包竟能找回？这种如同中彩票的小概率事件，在多数人看来简直是不可思议。但在南京一对新老民警的接力下，却真的发生了。

在民警陈果果通过微信把遗失的267.5元钱转给失主杨瑜（化名）时，杨瑜情不自禁地飙泪了。她决定要去一趟南京，亲自为这位可爱的警官和那位身后的老民警表示感谢。

6月10日上午，杨瑜和丈夫趁着周末从合肥乘坐高铁来到南京，正好赶上南京的瓢泼大雨。一下火车，他们就忙不迭地赶到南京市公安局地铁分局新街口站派出所，民警陈果果和他的前辈马邦文都是这个所的民警。

2006年，杨瑜和现在的丈夫刚恋爱不久，一起来南京游玩，在新街口附近逛街时不慎丢失了钱包。

2016年年初的一天，马邦文在地铁站巡防时，一位乘客交给他一个钱包。“说是老早以前捡了就往家里一扔，忘了这码事，这次搬家突然发现了。”马邦文说，那名乘客没留姓名和联系方式就离开了。马邦文翻看钱包，发现里面有267.5元现金、一张一代身份证、一张银行卡等个人物品。他本打算从警务平台寻找失主联系方式，但失主身份证显示的是外地户籍，本地警务平台查询不到，后来在失主原户籍所在地派出所协助下，辗转半个多月，才联系到杨瑜。马邦文说，地铁民警会接到很多遗失物品，对于一些无主的物品，要定期上交到地铁分局，但是对有联系方式的失主一定尽量“完璧归赵”。

2017年马邦文转岗到后勤部门，因不再经手此事，就将此事交给了民警陈果果。比马邦文小20多岁的陈果果看到失主迟迟不来领取后，将267.5元钱微信转账给对方。“失主和丈夫冒雨专程来送锦旗，车票开销超过了遗失的钱。”陈果果告诉记者，群众事情无小事，找回失主是他们职责所在，没有必要专门来一趟。“他们太负责任了，不间断地与我联系。”杨瑜怀揣着在合肥定制的锦旗，在路途中还不小心挤断了横杆。当记者询问为什么要专程送锦旗时，她说，除了表示感谢，还想把这种正能量传递出去，这也是对三岁儿子的一种身教。

（2017年6月11日新华网）

例稿1.4.10

一组民生新闻

女孩创业开进口食品网店

相信很多人都曾经有过创业的想法，那么今天就带大家来认识一个勇敢的女孩。她在创业路上走出的每一步都值得我们来借鉴，用她的话说，只要坚持下去，就一定会成功。

琳琅满目的商品包装上面印着很多外国文字，您一定猜到了这是一家进口食品店。几年前，王娜大学毕业后没有找到特别理想的工作，一次在北京旅游的时候，她偶然发现北京有很多进口食品店。回到哈尔滨，王娜动起了创业的心思。说干就干，王娜在哈尔滨的繁华地段盘下了一家小店面，尽管这里的生意还算不错，可是王娜还是有新的想法。

王娜开的这家中北进口食品网店接的大都是一些来自哈尔滨的同城购物订单。网店的生意越来越好，王娜还雇了几个人帮自己照看网店和送货。为了省租金，王娜把店铺搬到了不太繁华的地段，可她的生意还是越来越红火。

随着我国网购用户规模的不断扩大，网络购物在有效刺激内需的同时还极大带动了社会就业。据测算，在网络零售中平均一个直接就业可以带动2.85个间接就业。首先网店成本很低，在就业方面也可以招一些人，解决很多人就业的问题，国家也给了很多优惠政策为我们节约了很多的成本。

老师结婚，学生要随礼吗？

都说人生有“四喜”，那么其中两样是洞房花烛夜、金榜题名时，一个是说新婚之喜一个是说求学之喜。今天要说的这桩喜事和这二者都有关系，因为结婚的是哈尔滨一所中专学校的老师，老师结婚学生该咋办呢？张伟的女儿在哈尔滨市的一所中专上学，前几天，女儿回家要钱说是班主任老师要结婚了得随礼。女儿说是班长通知大家老师结婚时间和学生们随礼金额的，赶在老师3月5号的婚期之前很多的同学陆陆续续地随了份子。

在这所学校的二年二班不少的同学也早就接到了类似的通知，不过也有同学说给老师随礼这件事是自愿的，老师和学生的关系密切，在校期间常年在一起学习接触，感情有了表示一下也没有啥，但是如果这种师生关系要靠红包的厚度来衡量恐怕就有些不合适了。那这件事究竟是学生自发组织的还是老师授意这样做的呢？要结婚的这位老师休了婚假，只好拨通了他的电话，一听说这件事老师有些不太高兴，他说自己并不知情。

这位老师说呢虽然自己极力隐瞒自己的婚事，可不想呢还是让大家知道了，这收礼金的事很有可能是班长为了表示对老师的感激，私下组织大家的，现在已经把礼金全部退还了。不过这事还是引起我们一些思考，这老师办喜事学生很紧张，为什么呢？一方面，本身没有钱只能向家里要；另一方面，年轻人爱面子喜欢攀比，担心这次差了点事老师会对自己不好，原本纯洁高尚的师生情就这样慢慢地掺入了不该有的人情世故。其实礼虽然是我们国家的传统，但这个礼并不是礼金，对于老师们来说桃李成材才是对自己最好的回馈，对于学生们来说什么事才是最重要的就不需再多说了。

厨房玻璃爆裂——危险

老师结婚学生紧张，同样紧张的还有哈尔滨的刘洪，这两天一想到下厨房刘洪就冒出一身的冷汗，因为就在几天前他家的厨房上演了一幕“天女散花”。3月6号晚上9点多，哈尔滨市民刘洪正在家里看电视，突然从厨房传来一声巨响。刘洪说当时只看见灶台上地面上到处是碎玻璃，整个厨房一片狼藉。事情发生后，刘洪立即按照说明书拨打了小鸭牌抽油烟机的售后服务电话，一位工作人员来到现场查看。

工作人员说，检查后确定抽油烟机本身并不存在质量问题，造成玻璃爆裂的原因有可能是安装错误，也有可能是使用不当造成的，具体爆炸原因他们会请公司的技术部门鉴定，经过协商，厂家同意近期给刘洪更换新的玻璃防护罩，看来刘洪家在排油烟机没有修好之前还是别在家里做饭了，到外面吃一口吧。

美食广场店参与关灯——纠结

不过有的时候在外面吃饭也有不顺心的时候，这两天潘少华和朋友就一起来到了一家美食广场，在这里吃饭那是一肚子的气。7号晚上，潘少华和朋友一起逛街，逛累了几个人就去商场地下一层的美食广场想吃点东西，就在潘少华和朋友等着美味上桌的功夫，美食广场里的灯却忽然被人关掉了。灯一关就再也没有亮起来，潘少华看着自己眼前的食物犯了难，于是他找到收银员要求退款，但遭到收银员拒绝。

遭遇了这样的事潘少华越想越生气，第二天他再次来到美食广场想给自己讨个说法，美食广场的收银员说餐厅的灯每天都是由保洁员负责开关的，突然关灯可能是保洁员看到餐厅的客人少就关灯下班了。

保洁员下班之前关灯无可厚非，可潘少华说关灯之前怎么也得提醒一下还在吃饭的顾客。保洁员无所谓的态度让潘少华很生气，自己本来是来吃饭却没想到惹了一肚子的气。

在很多的商场都有这样的美食广场，不光为顾客用餐提供便利，也给大家提供休息聊天的空间，可是有的时候呢，一聊起天就忘了时间很晚才离开，这给保洁员的工作带来不便。而保洁员下班前关灯也没错，不过他就忽略了还在吃饭的顾客的感受。生活当中磕磕绊绊的小事更需要人和人之间互相的体谅，只有这样平凡的生活才能变得更加的和谐美好，您说是不是呢？

任务拓展

1. 自选训练稿件进行合理编排，播音、制作成一期民生新闻播报音频节目。

2. 请根据以下图片及素材，以小组为单位，策划、编辑、撰写一条民生新闻。另外，上网搜集两条民生新闻，完成民生新闻节目策划，并播音、制作一期民生新闻播报视频节目。

某大学学生将空饮料瓶挂在窗台边戏弄拾荒小孩

4个小孩子为了能抓住窗子上的一个瓶子，一个小男孩弯腰当人梯，一个小女孩站在他背上努力伸手去抓。然而有些学生会用绳子拴住瓶子吊下来，当他们用手去拿的时候，学生就会把瓶子升上去。对此，当事校方表示会对该班学生进行严肃批评。

评价方法

考核表

考核模块	考核内容	考核方式	考核点	分值
（一）知识与技能目标	1. 对民生新闻播报理论知识进行回顾、总结；	理论测验	1. 准确说出民生新闻的定义、语言特点、备稿方式、评论技巧及播报的尺度；	10
	2. 对例稿进行模拟播报；	技能训练	2. 掌握民生新闻播报的语言特点； 3. 语言规范、播报流畅； 4. 叙事清楚、交流自然； 5. 评论分寸得当、观点鲜明；	20
	3. 以小组为单位，根据图片策划一期民生新闻播报节目，并撰稿、编辑、播音、制作成完整的节目视频。	作品评审	6. 运用民生新闻的语言特点做好民生新闻节目的播报； 7. 评论中体现民生新闻播报的态度与分寸； 8. 策划、文稿、稿签齐全； 9. 节目导向正确、主题突出； 10. 语音规范、播报流畅、编排合理、制作精良。	50
（二）过程与方法目标	合作完成节目成品的过程表现。	综合评价	1. 获取、搜集、整理信息，甄选有价值的信息； 2. 制订、实施工作计划； 3. 分析、发现、解决问题； 4. 具有运用理论知识的能力； 5. 及时完成工作任务。	10
（三）情感、态度、价值观目标	出勤纪律、工作态度（违反第一条，10分全无）。		1. 遵守工作纪律，自我约束力强，不迟到、早退、旷课； 2. 有职业道德与社会责任感； 3. 有较强的新闻敏感性，有一定的新闻工作者的人文关怀意识； 4. 语言沟通能力、组织协调能力强，与团队成员团结协作，共同完成工作任务； 5. 实事求是地完成工作评价，给出合理分值。	10
评分标准：优 90—100 分，良 80—89 分，及格 60—79 分 总分＝自我评分（20%）＋小组评分（30%）＋教师评分（50%）				
改进建议				

模块二　评论播音

项目一　评论播音的备稿

课前热身（即兴评述）：（根据漫画，完成一篇口头小议论文；要求：主题突出、观点鲜明、状态积极、语言流畅，时间不少于3分钟。）

学生违纪　个人信息遭公示

学习目标：了解新闻评论的含义及其与新闻的区别，掌握评论播音的基本要求与备稿方法，运用备稿方法写出新闻评论的分析笔记。

案例导入：某电视台公开招聘新闻评论节目主持人，面试最后一项内容是播报一条新闻评论稿件。专业基本功突出的王明同学过五关斩六将，顺利进入了最后的面试。他语音规范、流畅完整地播报了评论稿件，信心满满，却没被录取。什么原因呢？他后来了解到，考官给他的评语是评论播音像新闻播报，态度欠鲜明、观点不突出，评论没有层次感。你认为王明同学的问题主要出在哪里？

一、评论的特点及其与新闻的区别

新闻评论是社会各界对新近发生的新闻事件所发表言论的总称。是一种写作形式、一种传播力量、一种社会存在，以传播意见性信息为主要目的和手段。

新闻评论的特点：由论点、论据、论证三要素组成；具有政策性、针对性和准确性；用正确的观点引导受众、用独特的见解吸引受众。

新闻与新闻评论的区别：新闻用事实说话，不直接表述作者的观点；而评论是通过对新闻事件的分析直接地、明确地表达观点、看法，表明态度，提出解决问题的方法，起到引导舆论、指导社会生活的作用。

二、评论播音的基本要求

观点鲜明、逻辑严密、以理服人。

可以学习借鉴中央电视台《新闻联播》、凤凰卫视《时事开讲》中的评论播音。

三、评论播音的备稿方法

按照备稿六步的方法对稿件进行分析：

1. 划分层次。通过划分层次，可以搞清评论文章的发展脉络，理清思路，掌握文章结构。

2. 概括主题。主题是稿件的中心思想，是稿件中提出的主要问题，是作者通过具体人物、事件所反映出来的看法、主张、态度等。这是播音员、主持人进一步了解作者的创作意图，进一步掌握稿件的精神实质，激发播讲愿望必做的工作。概括主题要准确、具体，要有思想升华，不能只是内容大意的概述。这需要我们加强文化修养，拥有丰富的阅历、敏锐的观察分析能力、较高的业务素养等。

3. 联系背景。这是明确稿件播出的针对性，深入调动播讲愿望的重要环节。背景指两方面内容：一是上情——与稿件内容有关的党和政府的方针、政策、中心工作，以及国内外形势等；二是下情——指社会现实情况，包括好的方面和存在的问题。

4. 明确目的。就是要明确播出目的，明确播出这篇评论所产生的社会意义和作用.这对播音起着统帅作用。

5. 分清主次。首先要把握重点，同时要处理好主次关系，这有助于稿件表达得准确、鲜明、生动。

6. 把握基调。基调是指稿件总的感情色彩和播音员的态度。这一步要处理好两个统一：理解与表达的统一，播音基调和稿件基调的统一。

第1、2步是解决稿件“是什么”的问题，第3步是解决“对谁播”的问题，第4步是解决“为什么播”的问题，第5、6步是解决“怎么播”的问题。

课堂训练

例稿2.1.1

用“国民教育”传承抗战记忆

抗战胜利日，不能看看阅兵、放两天假就过去了。所有的人，特别是有教育能力和教育资源的人，都该为抗战纪念做点什么。

“9·3”中国人民抗日战争胜利纪念日即将到来，各种抗战纪念活动逐步升温，形成一波接一波的高潮。特别是将在胜利日举办的阅兵式，吸引着全国人民的目光。

国家最高规格的纪念活动，必然会引起全国乃至全世界对抗战地位的再认识，开启抗战历史认识的新时代。当此之时，我们也需深刻思考，让抗战记忆长久延续下去，不仅需要国家主办的纪念活动，恐怕也需要民间配合一定规模和形式的教育活动，启发人们更好记住抗战历史、发扬抗战精神。

整整70年光阴如梭，许多当年参加抗战的老兵故去了，南京大屠杀幸存者只有130多人健在。随着大部分历史证人辞世，抗战教育资源越来越缺乏。而生长在和平时代的年轻人，对战争的残酷性日渐淡薄，对民族苦难的认知日渐远离。持之以恒、行之有效的抗战“国民教育”，正显得越来越紧迫。

以南京为例。去年，习近平主席等国家领导人亲自参加首次国家公祭活动，在南京形成了持续的公祭活动热潮。今年1—6月，侵华日军南京大屠杀遇难同胞纪念馆的观众量比去年同期增长49.5%，达到430多万人次。南京正在着手第二次国家公祭的筹划工作，并根据参观需求扩容纪念馆，新建胜利广场、胜利之路、胜利之火、胜利公园、胜利展厅，再现南京的中国战区受降仪式和审判日本战犯的历史，筹建“南京利济巷慰安妇旧址陈列馆”。满足民众了解抗战的需要，民间机构有责任不断推出精心设计的纪念性活动，保证持续性效果。

好的教育，离不开有针对性的教材和教片。为配合国家公祭活动、延伸教育的社会效果，江苏省暨南京市宣传和教育部门组织专家精心编撰和出版了《国家公祭读本》。去年180多万册《读本》已经发至江苏全省中小学，今年又对该《读本》进行了修订，准备向全国中小学校推广与发行。央视一套精心编制了《开学第一课》节目，每年9月1日开学时播出，已经连续坚持7年。今年该节目又推出了包括“爱国”“勇敢”“团结”“自强”四节课的“英雄不朽”专题。站在青少年的角度，不断推出有特色的教育传播作品，能够促进记忆的代际传承效果。

鼓励各地组织开展丰富多彩的活动，是深化教育的重要载体。今年5月，南京报业传媒集团和南京广播电视集团共同主办了“抗战胜利之火”传递活动，至今有15家副省级城市党报集团共同参与，超过100万人次网友和读者通过手机参与“抗战胜利之火”传递活动。此外如寻访二战与抗战遗址，二战与抗战理论研讨，南京大屠杀、慰安妇、细菌战等各种类型的国内外巡展，相继开展的民间活动，有力烘托了国家层面纪念性仪式的立体效果。

“国民教育”的精髓，在于自我教育和自发教育。节日的意义，在于所有的人共同在这一天做具有相同意义的事，从而形成强大的共识生长力和行为影响力。抗战胜利日，不能看看阅兵、放两天假就过去了。所有的人，特别是有教育能力和教育资源的人，都应该行动起来为抗战纪念做点什么。当我们建立起新的社会习惯，延续抗战记忆就能成为一种文化自觉。

（2015 年 8 月 21 日《人民日报》）

例稿2.1.2

亿万国人为中国女排点赞

今天，中国女排勇夺里约奥运会女排冠军，赢得了国人的点赞。

今天，中国女排的决赛牵动着全国人民的心。

女排决赛同步在央视网、央视新闻等新媒体进行了直播。中国女排夺冠的消息更是刷爆了微博和微信朋友圈。

在最艰难的情况下，中国女排一次次奋起，而没有丝毫放弃。这种愈挫愈奋的坚强，铸就了中国女排的精神气质。

大家认为，在实现中华民族伟大复兴的路上，我们需要叫响这样的精神，践行这样的精神。

中国女排奋力拼搏，再一次登上了奥运之巅，引发了国人强烈的情感共鸣，受到广泛赞扬。自 1981 年中国女排首次夺得了世界杯冠军，35 年来，中国女排有辉煌，也有低谷，但无论顺境还是逆境，女排精神从来不曾丢掉，这就是团结奋斗、顽强拼搏、为国争光。有了这种精神，就有了持续前行的动能，不忘初心、继续前进。

今天，我们国家正处在一个新的发展时期，中国人民正在为实现伟大的中国梦、追求中华民族伟大复兴而努力，我们要弘扬女排精神，在每一个人的岗位上作出自己的贡献。

（2016 年 8 月 21 日中央电视台《新闻联播》）

训练提示：在播音前对新闻事件有所了解；写出备稿分析笔记；结合评论播音的特点，明确稿件评论的观点、态度，正确积极地引导舆论，指导社会生活。

任务拓展

1. 写出课堂训练例稿《用“国民教育”传承抗战记忆》的备稿分析笔记。

2. 对课堂训练例稿进行编辑、播音，制作成完整的新闻评论音频节目。

问题思考

1. 评论的含义及其与新闻的区别是什么？

2. 评论播音的语言特点是什么？

评价方法

考核表

考核模块	考核内容	考核方式	考核点	分值
（一）知识与技能目标	1. 对评论播音备稿理论知识进行回顾、总结；	理论测验	1. 准确说出评论播音的含义、写作特点、播音基本要求和备稿方法；	10
	2. 对评论例稿《用“国民教育”传承抗战记忆》进行播音；	技能训练	2. 掌握评论播音的特点和备稿方法； 3. 写出备稿分析笔记，分析准确； 4. 播音基调正确，重点突出，观点、态度鲜明； 5. 语言规范、发音清晰流畅；	20
	3. 将课堂训练例稿策划、制作成一期完整的评论播音新闻节目，时长 5 分钟。	作品评审	6. 运用评论播音的备稿方法进行评论播音前的准备； 7. 节目策划、文稿、稿签齐全； 8. 播音基调正确，状态积极，能把握评论语体的特点； 9. 观点鲜明、逻辑严密、以理服人； 10. 节目完整、背景音乐协调。	50
（二）过程与方法目标	合作完成节目成品的过程表现。	综合评价	1. 能够获取、搜集、整理信息，甄选有价值的信息； 2. 制订、实施工作计划； 3. 分析、发现、解决问题； 4. 具有运用理论知识的能力； 5. 及时完成工作任务。	10
（三）情感态度、价值观目标	出勤纪律、工作态度（违反第一条，10 分全无）。		1. 遵守工作纪律，自我约束力强，不迟到、早退、旷课； 2. 有职业道德与社会责任感； 3. 有较强的新闻敏感性，有一定的新闻工作者的人文关怀意识； 4. 语言沟通能力、组织协调能力强，与团队成员团结协作，共同完成工作任务； 5. 实事求是地完成工作评价，给出合理分值。	10
评分标准：优 90—100，良 80—89 分，及格 60—79 分 总分 = 自我评分（20%）+小组评分（30%）+教师评分（50%）				
改进建议				

项目二　短评播音

课前热身（评述新闻）：（进行即兴评述，要求主题突出、观点鲜明、状态积极、语言流畅，时长3分钟。）

负债50多万元　“冯傻儿”组建农村志愿消防队

在四川省巴中市通江县广纳镇佛驹山村，大家都知道“冯傻儿”冯霖。虽然大家叫他“冯傻儿”，但对他尊敬有加。6 年前，他卖掉值钱的家当，筹建了巴中市第一支志愿消防队。自费 200 多万元，买消防水罐车、应急发电车、抢险救援车等消防器材。为此，还背负了 50 多万元债务，所以大家都叫他“冯傻儿”。

冯霖介绍，这些年来，志愿消防队成功扑灭大火 53 起。广纳镇的消防安全工作，在全县几十个乡镇中首屈一指，老百姓对他们赞不绝口。他们的故事被媒体广泛报道。2012 年底，冯霖被公安部评为“首届 119 消防奖先进个人”（全国受表彰 56 人，四川仅 2 人获此殊荣）。

冯霖说，自己才 30 来岁，正是干事的年龄。如果能够得到银行支持，把最紧要的个人借款还了，就可以缓一口气。

“做一件事容易，做十件事容易，做一辈子就难。消防志愿者我会一直做下去，这是我的终身事业。”冯霖说。

（2015 年 8 月 24 日凤凰网）

学习目标：了解短评的特点，掌握短评播音的技巧，运用评论播音技巧进行评论播报。

案例导入：刘明在一个新闻栏目组实习，由于专业突出，制片人让他尝试新闻短评的播音。刘同学信心十足，可播完后制片人连连摇头，说这条短评播得完全没有对象感、交流感，目的不突出，像一潭死水。刘同学慌了，短评中的事件他没有听说过，也没有参与过，到底要怎么播才符合要求呢?

一、短评的特点

1. 短小精悍

短评短小精悍，一方面体现在篇幅短小，字数在500字左右；另一方面体现在评析内容具体、立论角度集中、结构简约、文字精练上。短评不是社论或评论员文章的缩写形式，它抓住新闻报道或所评析事物的某一点进行议论，力求行文精简，不蔓不枝。

2. 新鲜独特

首先，选题要新鲜，抓住最具时效性的新闻报道或新鲜事实进行分析和评价；其次，立论角度要新颖，观点要独到，能够从新的视角观察事物，作出与众不同的分析，并得出具有个性的见解和结论；最后，还要引入新的论据，采用新的表述方式，给人以新的信息和启迪。

3. 生动灵活

一是短评的分析说理应该生动活泼，运用多种议论手法使文章富有生气；二是短评的结构方式应灵活多样，依据不同的评析对象布局谋篇，变换文章开头、结尾；三是短评的语言文字也应精练幽默、言之有物、短小有趣。

二、短评播音的技巧

1. 确定对象抓态度

确定对象：对象最好设计成对所播内容有关的、最感兴趣的人，以便于交流。要感到听众在听，随着内容深入而产生共鸣，产生强烈的播讲愿望。

抓态度：是指播音员要确立对稿件的看法，一是要有态度，与原稿一致，导向正确；二是态度要鲜明、分寸得当。

2. 结合实际抓目的

结合实际：是指结合社会实际。

要深入理解稿件内容，做到有感而播。可以借鉴自己身边发生的与稿件相似的事情去感受。平时多看、多听、多观察、多积累。

抓目的：是指抓宣传目的，也就是播讲目的。一定要弄清楚文章针对什么问题，为什么要发表，为什么在现在这个时间点发表，作用如何。

可以学习借鉴中央电视台《新闻联播》中的短评播音以及《新闻1+1》《焦点访谈》等节目。

课堂训练

例稿2.2.1

实现伟大目标需要英雄精神

习近平总书记给抗战老兵颁发纪念章时的重要讲话中指出：实现我们的目标，需要英雄，需要英雄精神。这也说出了我们的心声，也表达了传承千年的中国人的价值取向。我们只有崇尚英雄、捍卫英雄、学习英雄、关爱英雄，才能实现伟大目标。古往今来，那些名垂青史、妇孺皆知、在人民心目中不可磨灭的名字，几乎都是为天下兴亡和苍生福祉而忘却个人得失、抛开生死祸福的英雄。这种英雄情结世代相传，每每在危难时刻激发起中国人的凝聚力和战斗力。今天的中国，没有当年那种亡国灭种的迫切危机，但依然需要克服一切艰难险阻、百折不挠、一往无前的英雄精神。“四个全面”的战略部署，民族复兴的伟大征程，不亚于一场波澜壮阔的持久战，同样需要人们带着一腔热血去奋斗，带着开拓豪情去打拼。当千千万万的普通人迸发出改变生活的激情，释放出推动社会进步的能量，涌现出引领创新发展的创造力，我们就能自豪地说：这是一个英雄辈出的时代！

（2015 年 9 月 5 日中央电视台《新闻联播》）

例稿2.2.2

坚决惩治腐败　严肃党纪党规

本台消息，今天出版的《人民日报》发表评论员文章，题目是《坚决惩治腐败　严肃党纪党规》。

文章说，治国必先治党，治党务必从严。党中央果断决策，对周永康进行立案审查和严肃处理，这一决定，充分表明了以习近平同志为总书记的党中央坚定不移维护党的团结统一、坚定不移惩治腐败的坚强意志和鲜明态度，充分体现了我们党坚持党纪国法面前人人平等、反腐没有禁区的原则，深得党心、深得民心。

文章指出，党与腐败水火不容。党的十八大以来，中央突出强调党要管党、从严治党，提出了一系列明确要求，对腐败分子，发现一个就坚决查处一个。我们要通过查处周永康严重违纪案件，深入推进反腐败斗争，坚持零容忍的态度、猛药去疴的决心、刮骨疗毒的勇气，严厉惩处的尺度不变，凡腐必反、除恶务尽。

文章最后强调，坚决惩治腐败，严肃党纪党规，是我们党有力量的表现，也是全党同志和广大群众的共同愿望。各级党组织和全体党员要切实增强党的观念和政治意识，严守党的政治纪律红线，决不允许阳奉阴违、自行其是；确保全党在思想上政治上行动上同以习近平同志为总书记的党中央保持高度一致，自觉维护党中央权威；严明党的组织纪律，坚决反对拉帮结派、搞团团伙伙；坚决遏制腐败现象蔓延势头，不断增强自我净化、自我完善、自我革新、自我提高的能力；始终保持共产党人的浩然正气和廉洁操守，始终保持党的先进性和纯洁性。

（2015 年 12 月 9 日中央电视台《新闻联播》）

例稿2.2.3

“含勺喂母拒当乞丐”需要更多呵护

48 岁的无臂单身汉陈星银，由于母亲上月生病卧床不起，手脚无力，他不得不以自己特有的方式给母亲喂饭——先用嘴衔起饭勺，从电饭煲里一勺一勺舀出半碗米饭，然后蹲下身子，歪着下巴把饭碗挪到肩膀上夹稳，再“端”进母亲的房间，俯下身子把碗放到母亲床边，再俯身让母亲扶着他的肩膀慢慢坐起来……值得一提的是，面对村民建议去做乞丐，他断然以“没有好手，我有好脚”回击。

陈星银的故事让人感动，更让人钦佩。在他身上我们不仅看到了有一种人生叫天意弄人，有一种勤奋叫自食其力，有一种感动叫自信乐观，有一种精神叫自强不息。一些人遇到困难，要么选择投机取巧，比如利用人脉搞传销；要么丝毫不顾及人格尊严，自甘堕落去当乞丐，或者给别人当乞讨赚钱工具；要么不顾政策法规，作出损人利己、违背政策法律的事。陈星银却能用自己的方式去克服生活上的种种困难，精心照顾自己的老母亲，艰难而体面地活着。

然而，陈星银的故事背后，却不可争辩地暴露出社会呵护的不足。一个失去双臂的人，应该算是“合格”的失能之人了，对这样失能的人，理应考虑到他生活上的诸多不便，得到更多的生活上的照顾，而不仅是一份低保金。何况他还有 90 岁高龄，同样在生活上不能自理的老母亲。

只有“陈星银们”得到来自社会、相关部门的更多呵护，才有望强化对陈星银身上自尊、自信、自强、自立等精神元素的认同，进而让这些精神元素发酵，涵养公民素质，促进社会文明。

（2015 年 8 月 24 日新浪网）

训练提示：

1. 深入理解新闻事件，做到有感而播；
2. 抓目的：文章针对什么问题、为什么发表；
3. 播音时态度鲜明、分寸得当。

任务拓展

1. 将课堂训练例稿编辑、播音、制作成完整的短评播音节目。

2. 搜集本周发生的重大新闻事件或突发事件，策划并完成一档 5 分钟的评论节目，写出策划文案、编辑新闻及其短评文稿，播音、制作成完整的新闻短评播音视频节目。

问题思考

1. 短评的特点是什么？
2. 怎样把握短评播音的技巧？

评价方法

考核表

<table>
<tr><th>考核模块</th><th>考核内容</th><th>考核方式</th><th>考核点</th><th>分值</th></tr>
<tr><td rowspan="3">（一）知识与技能目标</td><td>1. 对短评播音理论知识进行回顾、总结；</td><td>理论测验</td><td>1. 准确说出短评的特点及播音技巧；</td><td>10</td></tr>
<tr><td>2. 对短评例稿《实现伟大目标需要英雄精神》进行播音；</td><td>技能训练</td><td>2. 掌握短评的特点，言之有物、短小有趣；
3. 播音基调正确、态度鲜明；
4. 结合社会实际，体现播讲目的，重点突出，观点、态度鲜明；
5. 语音规范、发音清晰流畅；</td><td>20</td></tr>
<tr><td>3. 搜集本周重大新闻事件或突发事件，策划完成一档 5 分钟的评论播音节目。</td><td>作品评审</td><td>6. 运用短评的播音技巧进行播音；
7. 节目策划、文稿、节目稿签齐全；
8. 播音基调正确、态度鲜明、目的明确；
9. 语音规范、播音清晰流畅；
10. 节目完整、音乐协调。</td><td>50</td></tr>
<tr><td>（二）过程与方法目标</td><td>合作完成节目成品的过程表现。</td><td rowspan="2">综合评价</td><td>1. 获取、搜集、整理信息，甄选有价值的信息；
2. 制订、实施工作计划；
3. 分析、发现、解决问题；
4. 具有运用理论知识的能力；
5. 及时完成工作任务。</td><td>10</td></tr>
<tr><td>（三）情感、态度、价值观目标</td><td>出勤纪律、工作态度（违反第一条，10 分全无）。</td><td>1. 遵守工作纪律，自我约束力强，不迟到、早退、旷课；
2. 有职业道德与社会责任感；
3. 有较强的新闻敏感性，有一定的新闻工作者的人文关怀意识；
4. 语言沟通能力、组织协调能力强，与团队成员团结协作，共同完成工作任务；
5. 实事求是地完成工作评价，给出合理分值。</td><td>10</td></tr>
<tr><td colspan="5">评分标准：优 90—100 分，良 80—89 分，及格 60—79 分
总分 = 自我评分（20%）+小组评分（30%）+教师评分（50%）</td></tr>
<tr><td>改进建议</td><td colspan="4"></td></tr>
</table>

项目三　夹叙夹议的述评

课前热身：（即兴评述新闻，要求评述主题突出、观点鲜明、状态积极、语言流畅，不少于3分钟。）

一岁女整容，其母称不能输在起跑线上

如今，在各大整形机构，妈妈们带着孩子前来咨询整形的场景，已司空见惯。但你见过这样雷人的吗？昨日，在市急救中心整形科，一个爱美的妈妈怕女儿容貌输

在起跑线上，竟将刚满一岁的女儿抱到医院，要做双眼皮手术。

妈妈的这一行为遭到医生的断然拒绝和批评。专家称，整形美容必须符合人体生理的客观规律，一般要在人体发育成熟阶段才能做。同时，整形手术是本人审美认知意愿，即使家长，也无权将自己的审美观念强加给孩子。

记者从市急救中心、重医附二院等多家医院整形科了解到，肖某希望让一岁女儿做双眼皮手术只是一个极端的个案而已，但家长希望孩子变得更完美，主导孩子整形的案例并不鲜见。

据了解，现在青少年整形日渐风靡，尤其到了寒暑假，不少整形机构格外繁忙，不少高中生在家长的带领下到医院咨询，诸如做双眼皮、隆鼻、隆下巴等整形手术。

整形医生称，在日常问诊中，六成以上的孩子是在家长的“怂恿”下到医院整形。尤其是即将考大学的孩子，大部分家长希望通过整形进一步提高孩子的形象气质。

（2015 年 4 月搜狐网）

学习目标：了解述评的特点，掌握述评的形式和述评播音的技巧，运用述评技巧进行播音。

案例导入：小张是一档评论节目的实习男主播，每次遇到述评他就犯难了，制片人总说他没有处理好述和议的关系，议的内容太多了，语言啰唆，述评没有做到严肃、郑重而又不缺乏亲切和信任感。如何才能解决这些问题呢?

一、述评的特点

夹述夹议的述评，多用在导语、解说词、串联词中，少则十几个字，多则百余字，形式自由、位置灵活。点评的内容，出自主持人对新闻信息迅速而敏锐的反应，它是主持人对新闻价值的准确把握，对社会现实情况的深入了解。特点是：引发共鸣、点到为止、深化意义、预见趋势、纠偏补正。

二、述评的表达形式以及述与评的关系

述评主要有三种表达形式：一是先议后述（概括式）。这时的议论往往出现在开始，主要作用是提示和点题。二是先述后议（总结式）。这时的议论往往出现在结尾，其作用是总结全文、深化主题、画龙点睛、启迪思维等。三是边述边议（包容式），即边叙述事实，边进行议论，以发表对所述事实的看法。

述、评二者的关系是：述是评的基础，评是述的深化。也就是说，述是铺陈，评是点染。一般说来，评的语言不宜太长，应精辟、简练。

三、述评的技巧

1. 选准评论切入点，寓理于情

述评是叙述和评论交互穿插的一种表现方法，“评”是表达一种认识，这种认识要富于哲理，要富有激情；在叙述时要选择“评”的契机，掌握火候，做到恰到好处。它往往是即事生议、就议述事的浑然结合。合理运用它，能达到事显理明和平添情致的艺术效果。

2. 处理好感情态度与语气，寓情于理

评论播音中的“情”，通过备稿分析理解一开始就融入表达，随着议论的深入，“情”也不断浓密，“寓情于理”，体现宣传目的。应运用中肯、抒情、自然交流的语气，并随着逻辑的不断深入，自然地显露出播讲目的。

3. 如何把握节奏

不同的文章有不同的节奏。播音时不能语速过快，尽量给观众回味和思考的余地。恰当停顿，在不影响语义的情况下，增强说服力和感染力。以理服人，令人信服，严肃而又充满信任感。寓情于理，情理交融。

课堂训练

例稿2.3.1

乡村“微小学”：给山里孩子打开一扇门

一位老师、两名小学生、三名幼儿园小朋友，这是甘肃省陇南市康县长坝学区高石教学点（原高石小学）的全体师生。除了校长兼教师的李占荣，还有一年级学生田婷和付海霞，幼儿班小朋友张盈、田杰和张宝娟。截至 2016 年 10 月，在甘肃陇南市的 945 个教学点中，学生人数在十人以下的有 618 个。由于山高路远，像这样的“麻雀小学”，成了周围孩子们上小学的唯一希望。近年来，当地政府一直在努力推动教学点数字化全覆盖，实现远程教学，改善教学点的教育环境。“微小学”虽小，对教育的意义却大。正是这些星星点点的“微小学”，开启了很多中国乡村孩子最初的知识之旅；也正因为那些坚守在乡村的教师，孩子们才能一个不少地上学。对于这些教师，无论给予多少赞美和掌声都不过分。

（2017 年 6 月 9 日新华网）

例稿2.3.2

人命关天 必须追责

日前，国务院决定依法依纪对西安地铁“问题电缆”事件严厉问责。依法依纪问责处理相关地方职能部门 122 名责任人，包括厅级 16 人、处级 58 人。此外，对央企驻陕单位19名涉案人员立案侦查。有权就有责，权责要对等；有责须担当，失责必追究。习近平总书记曾强调，问责不能感情用事，不能有怜悯之心，要“较真”“叫板”，发挥震慑效应。此次处理官员之多、处理程度之深，着实罕见，更重要的是，对一些官员的处理不是止于简单党纪政纪问责，若有违法犯罪行为还要依法处置。这正体现出中央从严治党的决心以及对安全事故的零容忍、对公共安全捍卫到底的能力。

（2017年6月8日人民网）

训练提示：

1.在播音前了解新闻事件，认真备稿；

2.把握播音态度和目的，注意语言节奏，尽量给听众回味和思考的余地；

3.运用中肯、抒情、自然交流的语气，感情和语气相得益彰。

任务拓展

1. 对课堂训练例稿进行编辑、播音，制作成完整的评论播音音频节目。

2. 搜集本周最新事件的评论，编辑、播音、制作一期完整的新闻述评播音视频节目，时长5分钟。

问题思考

1. 述评有哪些特点？

2. 如何把握述评播音的技巧？

评价方法

考核表

考核模块	考核内容	考核方式	考核点	分值
（一）知识与技能目标	1. 对评论播音理论知识进行回顾、总结；	理论测验	1. 准确说出述评播音的基本要求和播报技巧；	10
	2. 对例稿模拟上镜播音；	技能训练	2. 掌握评论播音的技巧和特点； 3. 语言规范、播音流畅； 4. 观点正确、逻辑严密、态度分寸得当； 5. 评论语体特征把握准确；	20
	3. 搜集最新新闻事件的评论，编辑、播音、制作一期完整的新闻评论播音视频节目成品，时长5分钟。	作品评审	6. 运用评论技巧进行评论播音； 7. 策划、文稿、稿签齐全，导向正确、主题突出； 8. 语音规范、播音流畅、编排合理、制作精良； 9. 述评结合、融情入理、情理交融； 10. 准确把握评论播音的态度分寸。	50

续表

考核模块	考核内容	考核方式	考核点	分值
（二）过程与方法目标	合作完成节目成品的过程表现。	综合评价	1. 获取、搜集、整理信息，甄选有价值的信息； 2. 制订、实施工作计划； 3. 分析、发现、解决问题； 4. 具有运用理论知识的能力； 5. 及时完成工作任务。	10
（三）情感、态度、价值观目标	出勤纪律、工作态度（违反第一条，10分全无）。		1. 遵守工作纪律，自我约束力强，不迟到、早退、旷课； 2. 有职业道德与社会责任感； 3. 有较强的新闻敏感性，有一定的新闻工作者的人文关怀意识； 4. 语言沟通能力、组织协调能力强，与团队成员团结协作，共同完成工作任务； 5. 实事求是地完成工作评价，给出合理分值。	10
评分标准：优 90—100 分，良 80—89 分，及格 60—79 分 总分 = 自我评分（20%）＋小组评分（30%）＋教师评分（50%）				
改进建议				

\

项目四　评论播音综合训练

学习目标： 强化评论播音语体的训练；加强对评论播音的态度分寸的把握；运用所学理论知识完成例稿播报训练、上镜播报训练；根据稿件的新闻事件作出恰当的评论，并以完整的播音节目形式予以呈现。

训练例稿

例稿2.4.1

一场儿童“拐骗测试”考问了我们什么？

近日，江西省赣州市人民检察院联合赣州市公安局等部门，开展了一次模拟防拐骗测试。工作人员假扮成骗子，在超市、火车站等地点，对孩子们进行模拟拐骗。在测试的 50 名年龄在 3—10 岁的儿童中，42 名孩子在零食、玩具等诱惑下，被谎称是孩子家长的朋友模拟拐走，只有 8 名孩子没有“上当”。拐骗测试真不单纯是个“游戏”，玩过就忘记；“拐骗”成功，家长也不只是受害者，在监护上也该被追责。愿这场拐骗测试的“警示”意义被更多人重视，愿它美好的初衷日后能得到有效的回应。

（2017年6月9日央视网）

例稿2.4.2

天地视频通话　砥砺航天征程

中共中央总书记、国家主席、中央军委主席习近平9日下午来到中国载人航天工程指挥中心，同正在天宫二号执行任务的神舟十一号航天员景海鹏、陈冬亲切通话，代表党中央、国务院和中央军委，代表全国各族人民，向他们表示诚挚问候。

天宫游太空，神舟赴星河。中国航天事业是在基础工业比较薄弱、科技水平相对落后等历史条件下发展起来的。神舟十一号载人飞船顺利将景海鹏和陈冬两名航天员送入太空，展现了中国航天实力，再次见证了嫦娥奔月的美丽传说从梦想走进现实。

“你们的身体状况怎么样，生活怎么样，工作进展得顺利吗？”习近平总书记的问候，既体现出对航天员的关怀，也凸显出对中国航空航天事业的牵挂。

现代化呼唤时代精神，民族复兴呼唤民族精神。天宫二号和神舟十一号载人飞行任务首次实现我国航天员中期在轨驻留，标志着我国载人航天工程取得了新的重大进展。习近平总书记说：“你们团结协作、迎难克坚，体现了一流的、过硬的素质，希望你们再接再厉、密切配合、精心操作，圆满完成后续任务。”这既是对宇航员的肯定，也是对中国航天人的激励，推动着航天强国步伐不断向前迈进。

中国梦蕴含航天梦，航天梦助力中国梦。探索浩瀚宇宙，发展航天事业，建设航天强国，是我们不懈追求的航天梦。经过几代航天人接续奋斗，我国航天事业也已创造了以“两弹一星”、载人航天、月球探测为代表的辉煌成就，走出了一条自力更生、自主创新的发展道路，积淀了深厚博大的航天精神。设立“中国航天日”，就是要铭记历史、传承精神，激发全民尤其是青少年崇尚科学、探索未知、敢于创新的热情。

太空探索永无止境，航天攻关任重道远。载人航天事业的成就，充分展示了伟大的中国道路、中国精神、中国力量。诸如设立“中国航天日”、组建中国航空发动机集团公司，等等，都展现出习近平总书记对中国航空航天事业的战略性谋划与思考。有着创新发力，我们相信五千年飞天梦必将画得愈发圆满，广袤的太空也将出现更多、更活跃的中国身影，为增进人类福祉作出更大的“中国贡献”。

（2016年11月10日央视网）

例稿2.4.3

大数据时代，合作才能有效提升资源配置和使用效率

6月2日晚，国家邮政局召集菜鸟网络和顺丰速运高层来京，就双方关闭互通数据接口问题进行协调。双方表示将从讲政治顾大局的高度出发，积极寻求解决问题的最大公约数，共同维护市场秩序和消费者合法权益，并同意从6月3日12时起，全面恢复业务合作和数据传输。而从此次双方的矛盾来看，虽然焦点不在数据，但导火索则是数据无疑。这样的结果，毫无疑问是最差结果，也是最不应当出现的结果。大数据时代，合作才是最有效的方式，才是最大限度提高资源配置效率和水平的根本手段。如果手握大数据，却不能共享，不能把大数据有效运用到经济社会发展之中，让更多的企业、更多的商家、更多的消费者加入到大数据的运用中来，并运用大数据为自己服务。

（2017年6月5日中国网）

例稿2.4.4

高考继续改变着中国

今年被称为“新高考元年”，新的高考综合改革试点在一些省市正式启动。改革开放以来，中国社会、中国经济、包括中国的高等教育，始终瞄准发达国家进行追赶，当我们越来越接近发达国家、接近那些全球著名大学的时候，创新能力、创新成果是最终实现教育赶超的关键。创新，与高等教育的人才选拔机制、人才培养方式直接关联。新的高考综合改革，让考生释放创新活力、崇尚科学思维、坚守知识基础以及为他们创造更多选择的机会，从这些意义上说，高考能继续改变中国。

（2017年6月7日央广网）

例稿2.4.5

“听写”之间　绽放汉字之美

汉字听写的全民游戏又来了。第21届上海电视节白玉兰奖最佳“综艺栏目”奖得主、2014年央视收视领跑者《中国汉字听写大会》改版升级，第三届重装归来。

千百年来，汉字从甲骨入泥到钟鼎斑驳，从竹简凋零到绢帛难留，历经秦篆汉隶，终成方块之形。一字一世界，一笔一菩提。她有如画的“颜值”，亦有如诗的意蕴，其灵性根筑民族血脉，承续大国文明。即便仅以时序坐标来考量：古埃及的圣书、两河流域的楔形文字、美洲的玛雅文、印度的梵文，这些人类文明始初的符号，或早已

烟消云散，或残存史册典籍，而唯有汉字，以“东方魔块”的形态，穿越时空桎梏，成就人文大美。美国诗人庞德就认为，譬如汉字的“春”，就是“太阳低伏在草木茁壮成长的枝干之下”。因此，由汉字组成的诗句，就像一组组活动的图画，没有语音语法亦能进入象形的境界。

不过今天，“键盘侠”多了，手写体的汉字、一撇一捺的写意与舒展，似乎很难从屏幕上跳脱出来。至于提笔忘字的例子，更是成为文化传承中的硬伤。中国青年报曾做过一项调查：98.8% 的受访者坦言自己曾经遇到过提笔忘字的情况。眼下，据第 36 次全国互联网发展统计报告，截至 2015 年 6 月，中国互联网普及率为 48.8%，我国网民总数已达 6.68 亿人。与此同时，汉字“失写症”不容低估，“见字如见人”的书写评价功能被忽略。

坚守灵魂、担当责任，创新主流价值观，讲好中国故事，《中国汉字听写大会》做到了这一点。随着 2015 年第三届《中国汉字听写大会》比赛的进行，由节目联合搜狗输入法共同发起的文化公益活动“全民焐热冰封汉字”行动，也持续受到网友热捧。

当这个夏天的我们，带着笔，铺着纸，和小选手、主持人、文化学者一起沉浸在汉字文化的海洋，清风拂面、茶语飘香，莞尔一笑也好，恍然大悟也罢，这不仅是一场娱乐竞技，更是与同根同源的汉字亲密接触的契机。

（2015 年 7 月 31 日央视网）

例稿2.4.6

为人民服务开启网上政府新时代

日前，国务院办公厅公布的《政府网站发展指引》让地方政府网站倍感压力，也让人民群众多了几分期待。 互联网时代，亿万网民通过网络获得信息、交流信息。网络对网民的求知途径、思维方式、价值观念产生重要影响，特别是会对他们对国家、对社会、对工作、对人生的看法产生重要影响。政府网站“颜值”如何，主要看信息是否“解渴”，办事渠道是否畅通，社会效益是否惠民。《政府网站发展指引》的发布，既是标尺，也是要求。规定动作的“硬杠杠”特别是集约化要求，必将给政府网站发展带来生机，给人民群众带来利好。

（2017 年 6 月 9 日中国青年网）

例稿2.4.7

诋毁英雄就是消解历史与未来

一段时间以来，“黄继光堵枪眼不合理”“董存瑞炸碉堡系虚构”等言论在网络上不断被炒作，语不惊人死不休的调侃与诽谤，抹黑并诋毁着民族历史。近日，新华社推出系列报道，反击诋毁英雄的言论，还原英雄的真实事迹。

一个国家抑或一个民族，都有史诗般的英雄主义，支撑起刚毅决然的风骨。英雄不过是血肉之躯，但却以个人磅礴的力量，将道义与价值书写为继往开来的精神图腾。古人有古人的英雄，世界有世界的英雄：比如岳飞、文天祥，比如圣女贞德、将军戴高乐……是的，在人类历史的长河中，少不了英雄的身影与丰姿，正所谓“天地英雄气，千秋尚凛然”。

不过，当英雄成为段子里的小丑，当历史成为笑话中的佐料，这便不仅是黑白颠倒、是非不分的恶趣味那么简单了。倒不是英雄的形象蒙尘纳诟了，而是一些人在物质的道路上与弥足珍贵的民族精神渐行渐远。一则，消费主义文化西风东渐，恶搞成为没有边界的全民狂欢。娱乐至死、混沌至死在一些人心中很有市场。在文化价值层面，消费主义“拒斥主流意识形态、否定政治权威、淡化国家观念、揶揄崇高信仰、调侃政治领袖，将宏大叙事、光荣使命、优良传统等以往追求与遵循的价值目标排挤出去”，构建了一个虚无空荡的价值世界。二则，“互联网 +”在为经济社会转型提供便利的同时，也让网络谣言有了杀伤力超强的“新式武器”。关于流言之祸，古人云“众口铄金、积毁销骨”。在云传播、大数据的背景下，谣言流布的司法代价偏低，使得网络世界成了诋毁英雄的主战场。正如《解放军报》所言：“欲亡其政，先乱其军。欲乱其军，先惑其心。”自古以来，这都是值得警惕的“术”与“谋”。当英雄的价值被消解，当这种消解病毒式传播，思想价值与意识形态层面的“蚁穴之溃”，不可不鉴！

当消费英雄成为一种诡异的力量，也许这是在以另一种方式提醒我们：正历史本、正英雄名、正国家骨、正民族魂，已是刻不容缓的公共议题。和平年代久了，生活条件好了，英雄的血汗与形象似乎也就淡泊了；教科书里的记载，仿佛也成了旧时光的记忆。好在这些年，顶层设计从未忘却英雄与英雄背后的人民：2014 年 2 月，十二届全国人大常委会第七次会议经表决，分别将 9 月 3 日确定为中国人民抗日战争胜利纪念日，将 12 月 13 日确定为南京大屠杀死难者国家公祭日；2014 年 3 月，民政部正式颁布并开始实施《烈士公祭办法》……

山因脊而雄，屋因梁而固。就像家风对于家族的振兴一样，英雄对于民族与国家的梦想，是精神动能，也是价值方向。历史唯物主义认为，历史固然是群众创造的，但也得承认英雄的推动作用。英雄也是人，是人也许不会完美，但价值与情怀、立场与精神不能陷入“无限怀疑”的怪圈，尤其是为民族振兴与国家独立而牺牲的英雄，抹黑与诋毁已经僭越人性良知的底线。

当一个个“键盘侠”肆意地消费英雄，本质亦是消解我们的历史与未来。今天，为英雄正名，是让历史正告现在、让现实启迪未来。

（2015 年 6 月 21 日央视网）

例稿2.4.8

“你瞅啥”怼出血案，有话好好说很难？

歌后王菲演唱的《传奇》，想必不少人印象很深——“只是因为在人群中多看了你一眼 / 再也没能忘掉你容颜……”，我相信这有如天籁、珠圆玉润的歌声，穿透了无数人的心扉，在空灵的心底涌起温暖。

可是同样的一个行为动作，却可能引来截然相反的结果，乃至造成人间悲剧。近日，北京市第三中级人民法院审理了一起因“你瞅啥”引发的命案：今年8月，一对青年男女饮酒后和另一名男子发生言语纠纷，持刀互殴导致一死两伤。北青报梳理相关案例发现，近年来“你瞅啥”曾经在黑龙江、辽宁、山东等多地引发血案。（12月5日《北京青年报》）

来自北京三中院的调研报告显示，四成言语失和，都发生在饮酒之后，可看出酒的“魔力”。不同心境，可能会产生“想你时你在脑海，想你时你在心田”的思念，也可能产生“你瞅啥”“瞅你咋了”的敌对。往往在这个时候，酒就成了鲁莽的“帮凶”。

当然，酒不能成为责任主体，它没法替刑事案件承担责任。何况有的案件的当事人并未饮酒，就像上述三中院审理的那起命案，其中当事人小崔本已离开现场，却又折返回去与小张发生打斗，双方分别拿出随身携带的匕首扎向对方，结果一死两伤，小张命丧黄泉，小崔被判死缓。由此不难看出，暴戾情绪也是刑事犯罪的推手。

一段时间以来，社会上总是弥漫着一种让人不安的戾气。微信群抢红包、人行道上身体碰撞、前往他人租住处借水喝被拒，甚至公共场所眼神不适当交流等琐碎小事，均可能引发拳脚相向。就连中小学校园这种象牙塔般的净地，也不时传出恶性斗殴的新闻。不少本应温文尔雅贤淑礼貌的女生，也少了淑女的矜持，露出惊人的凶残。不能不说，这是社会浮躁的表现。

原因在哪？就在于传统道德和传统文化受到了猛烈的冲击，动摇了价值取向和道德判断的基准。结果，有的人对真善美不再推崇，对假恶丑宽容有加。加之公平正义缺失导致一些极端思想蔓延。当这种心理遇到一点不遂心愿，马上就暴跳如雷、大打出手，把法治观念抛诸脑后。

怎么应对？首先，必须坚持文化自信，加强公民自身对传统文化、传统思想价值体系的认同与尊崇。孔子说，“己所不欲，勿施于人”，孟子说，“爱人者，人恒爱之；敬人者，人恒敬之”……这些先贤的教诲，是应在教育中推崇的。

其次，大力推行依法治国，把治理纳入法治渠道。对那些违法犯罪造成恶劣后果和影响的刑事犯罪，稳准狠地予以打击，不能有任何的退缩与纵容。除了公安机关快速立案侦查、检察机关及时批捕公诉、人民法院公正审理判决以外，加强警示教育，给那些冲动者提前算一笔刑事案件的“成本账”，明确告诉他们违法犯罪可能付出的成本和承担的后果，冲动的魔鬼，就不会轻易地挣脱绳索。

（2016 年 12 月 6 日央视网）

任务拓展

1. 根据训练例稿策划一期评论播音节目，编辑、播音、制作成完整的评论播音节目。

2. 搜集最新新闻事件的评论，编辑、播音、制作一期完整的新闻评论播音视频节目，时长 5 分钟。

评价方法

考核表

考核模块	考核内容	考核方式	考核点	分值
（一）知识与技能目标	1. 对新闻评论播音理论知识进行回顾、总结；	理论测验	1. 准确说出新闻评论的含义、分类、播音特点、备稿方法；	10
	2. 选择一篇课堂训练例稿进行备稿，写出分析笔记，并播音；	技能训练	2. 掌握新闻评论的含义、特点、分类及播音特点、备稿方法； 3. 备稿六步齐全，分析准确； 4. 播音语言规范、流畅； 5. 层次清晰、状态积极、情感充沛、态度分寸得当；	20
	3. 以小组为单位，策划一期新闻评论播音节目，采访、撰稿、编辑、播音、制作成播音节目成品。	作品评审	6. 运用新闻评论播音的备稿方法进行播音前的准备； 7. 运用叙述、描写、议论、抒情等不同语言样式对新闻评论进行播音； 8. 策划、文稿、稿签齐全； 9. 播音基调正确，状态积极，把握评论语体的特点； 10. 语音规范、播音流畅，节目编排合理、制作精良。	50
（二）过程与方法目标	合作完成节目成品的过程表现。	综合评价	1. 能够获取、搜集、整理信息，甄选有价值的信息； 2. 制订、实施工作计划； 3. 分析、发现、解决问题； 4. 具有运用理论知识的能力； 5. 及时完成工作任务。	10
（三）情感、态度、价值观目标	出勤纪律、工作态度（违反第一条，10 分全无）。		1. 遵守工作纪律，自我约束力强，不迟到、早退、旷课； 2. 有职业道德与社会责任感； 3. 有较强的新闻敏感性，有一定的新闻工作者的人文关怀意识； 4. 语言沟通能力、组织协调能力强，与团队成员团结协作，共同完成工作任务； 5. 实事求是地完成工作评价，给出合理分值。	10
评分标准：优 90—100 分，良 80—89 分，及格 60—79 分 总分＝自我评分（20%）＋小组评分（30%）＋教师评分（50%）				
改进建议				

模块三　新闻专稿播音

项目一　新闻专稿播音前的备稿

课前热身：（阅读下文，完成一篇口头小议论文；要求新闻评论观点正确、鲜明，状态积极，语言流畅；时间不少于2分钟。）

我国原创手机动漫标准成为国际标准

经过两年多的努力，我国自主原创的手机动漫标准在瑞士日内瓦国际电信联盟第16研究组全体会议上顺利通过审议，经过全球公示后正式发布，成为我国文化领域的第一个国际技术标准。

由我国自主原创的这个手机动漫标准，实现了手机动漫在移动互联网各平台间的即时互通，有效降低了手机动漫的生产和传播运营成本。

2013年，我国手机动漫标准经文化部主导发布后，依照这个标准提供产品和服务的国内动漫企业超1 000家，覆盖用户过亿。文化部有关负责人今天表示，数字创意产业已经纳入国家战略性新兴产业发展规划，计划到2020年，相关行业产值规模达到8万亿元。

（2017年3月20日中央电视台《新闻联播》）

学习目标：了解新闻专稿的含义及其写作特点与分类，掌握新闻专稿的播报要求与备稿方法，运用备稿方法写出新闻专稿的分析笔记并播音。

情境导入：播音主持专业大一学生李潇暑假到电视台实习，栏目组有一篇新闻专稿让他播报。他播完以后请栏目组长审听，组长说不行，你这是一般的新闻播报。然后，组长让他观看了中央电视台的新闻专稿——电视片《2017感动中国候选人物事迹——卢丽安》。看后，他明白了，新闻专稿和一般的新闻播报的确不一样。

2017感动中国候选人物事迹——卢丽安

卢丽安，女，49岁，上海复旦大学外国语言文学学院副院长、上海市台湾同胞联谊会会长。

卢丽安1968年生于台湾高雄，从小受家人影响对大陆有着特殊感情。20世纪90年代中期，卢丽安和丈夫在英国完成学业回到台湾任博士后研究员。当时的台湾"绿化"迹象严重，岛内形势愈发复杂。反观大陆，改革开放初见成果，香港回归在即，整个社会呈现出蒸蒸日上的面貌。卢丽安夫妇对现状不满，有了去大陆发展的想法，并毛遂自荐，向有关部门表明希望回大陆服务、进入高校任教的意愿。

1997年，卢丽安夫妇到上海复旦大学任教。几年下来，卢丽安成为复旦大学最受欢迎的教授之一。

2013年7月，卢丽安当选上海市台湾同胞联谊会会长，为身在上海的台湾同胞们服务。2015年，卢丽安加入中国共产党。2017年，卢丽安被选举为十九大党代表。

"我以台湾的女儿为荣，我以生为中国人为傲。"卢丽安在今年党代表通道上如是说。十九大会议结束后，"卢丽安效应"在慢慢蔓延。很多台胞朋友为她点赞，因为她说出了广大台胞们的心声。还有她的学生，默默地留言支持老师。卢丽安的父母表示，只要女儿做的是对社会、民族、国家有益的事，能够促进两岸的和平发展、促进岛内同胞在大陆的发展，都会支持。

谈到两岸关系时，卢丽安真诚地表示，"我的家族历史与自己的成长经历让我坚信：和平发展一定是两岸关系的主要走势，这也是两岸同胞共同的心声"。她认为，没有台湾梦的中国梦肯定是不完整的，同时，没有融入祖国的台湾梦，像打个盹，黄粱一梦。

一、新闻专稿的含义、特点与分类

1. 新闻专稿的含义

新闻专稿是详细、生动的新闻报道。

2. 新闻专稿的特点

新闻专稿属于新闻报道范畴，与新闻一样提供新闻事实，时效性要逊于新闻，但比新闻更加详细、具体、生动，也更有深度。

3. 新闻专稿的分类

新闻专稿分人物通讯、事件通讯、风貌通讯三类。

人物通讯：通过人物感人的言论和行为，表现人物的思想品格，揭示人物的精神境界，弘扬真善美，树立学习榜样。

事件通讯：通过详细叙述一个引人关注的事件发生、发展、变化的过程，说明一个问题，表现一定的思想意义。

风貌通讯：通过详细报道某地区、某单位的自然风光、人文历史、风土人情以及新情况、新变化，使人扩大视野、增长知识、陶冶情操、开阔胸怀、受到多方面的启发、教育和鼓舞。

二、新闻专稿的播音特点

新闻专稿写作上的特点决定了播音上的特点，就是准确、真实、生动。

准确：内容准确、基调准确、层次分明、语意抱团。

真实：感情真实、表达朴实。

生动：形象鲜活、表达灵活、分寸得当。

三、新闻专稿播音的备稿

运用备稿六步，深刻分析新闻专稿的内容、细致感受新闻专稿的情景，在产生真情实感的基础上，准确把握基调，产生强烈的播音愿望，促成形象生动、真实感人的播音表达。

课堂训练

分小组各自选定一条新闻专稿，共同备稿（对稿件可以进行适当缩编），查找背景，明确播出目的，确定基调。

例稿3.1.1

人物通讯——科学泰斗钱伟长

【事迹】钱伟长（1912—2010），江苏无锡人，中国近代力学之父，著名的科学家、教育家。

钱伟长早年攻读物理学，留学加拿大期间已经显露出非凡才华。28岁时，他的一篇论文已经让爱因斯坦大受震动，并迅速成为国际物理学的明星。

抗战结束后，钱伟长在艰苦的条件下，拒绝美国科学界的诱惑，坚持回到祖国，坚持实现“科学救国”的抱负，为新中国开创了力学科学教育体系。他学贯中外，对中国科学事业的发展作出了巨大的贡献。

1946年，他与冯·卡门合作发表了《变扭率的扭转》，成为国际弹性力学理论经典之作。

1947年，在正则摄动理论方面创建了以中心挠度wm为摄动参数作渐近展开的摄动解法，在国际力学界被称为“钱伟长方法”。

1948年,在奇异摄动理论方面写出有关固定圆板的大挠度问题的渐近解,称为"钱伟长方程"。

新中国成立后，致力科学理论和工程力学领域，成为我国近代应用数学与力学的奠基人之一。

1957年，钱伟长被错划为右派，受到不公正待遇，但是他仍然没有放弃科研和对祖国的忠诚。1977年以后，他不辞辛劳，去祖国各地做了数百次讲座和报告，提倡科学和教育，宣传现代化，为富民强国出谋划策。1990年以后，他为香港、澳门回归祖国及和平统一祖国的大业奔走。

有人说，钱伟长太全面了，他在科学、政治、教育每个领域取得的成就都是常人无法企及的。钱伟长说："我没有专业，国家需要就是我的专业；我从不考虑自己的得与失，祖国和人民的忧就是我的忧，祖国和人民的乐就是我的乐。"他用一生诠释了自己一直坚持的专业：爱国。

（中央电视台2010年度"感动中国十大人物"）

例稿3.1.2

事件通讯——《南京大屠杀档案》真实性、完整性不容置疑

联合国教教科文组织10月9日公布了2014—2015年度新入选世界记忆遗产名录的项目名单，中国《南京大屠杀档案》入选目录。中国常驻联合国教科文组织代表团大使衔代表张秀琴表示：这是对中国保存的《南京大屠杀档案》给予的肯定，是对该档案真实性和唯一性的认可，也是对文献遗产保存完整性的最高赞誉，具有世界意义。

侵华日军南京大屠杀遇难同胞纪念馆馆长朱成山是本次中国申遗代表团成员之一，对于《南京大屠杀档案》成功申遗，他感慨万千。

但是让朱成山馆长高兴的消息却遭到了日本政府的质疑。据报道，日本外务省10日发布"新闻官谈话"质疑中方申报材料的完整性和真实性，指责教科文组织未能保持中立和公平，将要求教科文组织进行制度改革，不再被"政治利用"。

外交部新闻发言人华春莹就此作出表态："南京大屠杀是第二次世界大战期间日本军国主义犯下的严重罪行，是国际社会公认的历史事实。中方申报材料完全符合世界记忆名录的评审标准、特别是真实性和完整性的标准，申报程序符合教科文组织有关规定，应成为全人类的共同记忆。"

据了解，《南京大屠杀》申遗工作始于2008年8月联合国教科文组织文化委员会的主席卡门·帕拉迪对南京大屠杀纪念馆的一次参观。她看到了约翰·马吉的摄像机、盒带、原始的胶片，另外还有《美国生活周刊》当时刊登的约翰·马吉拍的十

张照片，她觉得这是很好的档案，应该申报世界记忆遗产名录。2009 年 1 月南京市开第十四届人代会，朱成山和 9 名人大代表联名写了一个关于南京大屠杀申报世界记忆遗产的提案，很快这个提案被接受了，列入南京市十大提案，开始了申遗的第一步。

然而当申报工作真正开始后，朱成山和他的同仁们才发现困难重重。第一个困难就是对世界记忆遗产的标准的不熟悉；第二个困难就是如何按照联合国教科文组织的要求，从浩如烟海的史料中挑选申报材料。当初有三个馆联合申报，包括中国第二历史档案馆，南京市档案馆和侵华日军南京大屠杀遇难同胞纪念馆，而仅南京大屠杀纪念馆的馆藏就多达 16 万件。

申报工作从 2008 年起开始筹备，2009 年申报中国档案记忆遗产，2014 年 3 月正式以中国记忆遗产委员会的名义向联合国教科文组织提出申报。在国家档案局的统筹下，申报单位由原来的 3 个增加到 7 个，申报内容从五组变成十一组，整个过程非常漫长而且难度极大。

最终向联合国教科文组织递交的《南京大屠杀档案》由三个部分组成：第一部分为 1937 年至 1938 年的关于南京大屠杀事件的资料；第二部分是 1945 年至 1947 年关于中华民国政府军事法庭在战后调查和审判战犯的文件；第三部分是 1952 年至 1956 年中华人民共和国司法机构的文件。

中国国家档案局去年也将慰安妇档案向联合国教科文组织申报世界记忆遗产名录。据专家介绍，在评审过程中，中方根据教科文组织的要求补充完善申报材料。

上海师范大学人文与传播学院院长苏智良说，在这次评审中，联合国教科文组织认为，我国提交的《"慰安妇"——日军性奴隶档案》符合申报标准，同时中国可能不是唯一一个提出申报的慰安妇制度受害国，还有国家也在酝酿将其国内关于慰安妇的文献档案申报世界记忆遗产名录。因此教科文组织专家倾向性认为，曾存在慰安妇制度，拥有慰安妇文献档案并有意进行申报的国家适宜明年联合向教科文组织提出申报。

南京大屠杀是日本军国主义在对华侵略战争中犯下的严重罪行，铁证如山。中国提出申报是为了铭记历史、珍爱和平，共同捍卫人类尊严，防止悲惨和黑暗的岁月重现。这些材料应该成为人类共同的记忆，应该得到全人类的珍视和保护。日本政府只有正视历史、深刻反省，拿出诚意、真诚谢罪，才能让悲剧不再重演、和平获得保障。

（2015 年 10 月 11 日中央电视台《焦点访谈》）

例稿3.1.3

风貌通讯——乡土中国农村系列调查：清风送走人情债

在之前节目当中我们讲到了一些农村地区随份子名目之多，金额之大，让村民们不堪重负，很多时候并不情愿，但碍于情面又不得不为。在这样一个矛盾的怪圈当中，人情味成了人情债。那么如何从这个怪圈当中跳出来，让人情回归本色呢？

每年的腊月和正月间，是农村最热闹也是“人情酒”最多的时候。可是今年，我们在湖北房县农村却看到了不同的景象：办酒席的少多了。正月十六，青峰街村请客办酒的只有一家。

现在的压力轻了，可是在2014年之前，乡亲们的压力可是大得很。

村民们一年挣不下几个钱，都花在办酒待客送人情上了，你办他也办，谁也没占便宜。

人情这杯酒不好喝，费钱又费时，风气也坏了，李有权觉得这么下去不是个事儿。

村里人都希望这个人情风能变一变。但是怎么变呢？李有权趁到镇里开会的机会，跟周围七八个村子的支书主任商量，大家出主意，让李有权到镇里、县里讨个办法。

跑了一圈儿，还真讨来了办法，就是成立红白理事会，运用乡规民约来办这个事儿。李有权心里有了底，回到村里先开党员代表会，请德高望重的老人和村民代表成立清风理事会。接着又开村民代表大会，发倡议书，征求大家伙的意见。

村民们的意见最后基本统一了：除婚丧嫁娶、生小孩外，一律不举办宴请活动，属于可以举办的提前登记备案。

大家定的规矩，大家都得守，但事情真要落到自己头上，有人一时半会儿还真转不过这个弯儿。

有了问题总得想办法，村委会和清风理事会从镇里弄来一辆宣传车在村里来回广播，预防和提醒；对不符合村规民约的人情酒提前上门做工作，打招呼；对不听劝，非要办酒待客收人情的人家，取消“十星文明户”的评选资格。慢慢地，起了变化。

代新儒老两口曾经在2012年送人情送得连玉米种子都没钱买了。自打风气好转，代新儒老人的人情账一年比一年少。

双湾村的人情歪风刹住了，青峰街村也在想办法。双湾村成立清风理事会之后一年，青峰街村在2015年也成立了清风理事会。张启刚老人是理事会的成员，村里谁家办酒待客，他会提前上门看看。

在婚礼仪式的最后，理事会送来了两个舞蹈节目，为婚礼助兴。

不能待客的名目写进村规民约，坚决制止；可以待客的，理事会上门贺喜，还免费送节目，给主人家长脸。这样的方式，效果好，村民高兴，理事会的建议也就愿意听。

九年没办酒待客的桂兴林今天只请了亲朋好友。

双湾村以前专门做酒席菜的代明陆2014年之前是十里八村有名的厨师。

周义保是村里的养猪大户，养了300多头猪。2012年之前他和媳妇带着孩子在广州打工六年，辛辛苦苦攒下了十几万块钱。2012年他回到双湾村，建起了养猪场。在外生活了六年的周义保没想到的是，家乡的人情债这么重。花钱不说，周义保最耽误不起的是时间。

2014年，双湾村人情风开始好转，周义保人情支出减少的同时，时间也腾出来了。

曹云也养猪，头些年每年养三五头，贴补家用。2014年人情债少了之后，每年能省个万八千的，去年一下子养了22头。平常遇到什么问题，都会请周义保过来看看。

双湾村的变化不仅造福了本村村民，也为整个房县的脱贫攻坚工作开拓了思路。

辛辛苦苦干一年，居然要拿出小一半收入送人情，经济负担重，精神压力大，简直是“死要面子活受罪”。这个顽疾能不能治？湖北房县和其他不少地方已经给出了答案。靠乡规民约、村民自治，党员干部带头，大家一起努力，风气的变化让农民得到了实实在在的好处。移风易俗是全社会的事情，需要全民参与。就像刚才那位农民朋友说的，光一个村治不行，全国各地都治理好了，大家的生活就能更轻松、更幸福。

（2017年4月7日中央电视台《焦点访谈》）

训练提示：对新闻专稿要进行备稿分析，并深刻理解、细致感受，准确把握全篇基调，播音时努力做到形象生动、真实感人。

任务拓展

1. 各小组根据所给通讯例稿，撰写一期新闻专稿播音节目策划，并播音、制作成完整的节目。

2. 自主搜集专稿素材，撰写新闻专稿播音节目策划文案，并播音、制作成完整的新闻专稿节目。

问题思考

1. 什么是新闻专稿？新闻专稿在写作上与新闻有何异同？

2. 新闻专稿在播报上有何特点和要求？

3. 三种不同类型新闻专稿各有何特点？

4. 新闻专稿播音如何备稿？

评价方法

考核表

<table>
<tr><th>考核模块</th><th>考核内容</th><th>考核方式</th><th>考核点</th><th>分值</th></tr>
<tr><td rowspan="3">（一）知识与技能目标</td><td>1. 对新闻专稿播音理论知识进行回顾、总结；</td><td>理论测验</td><td>1. 准确说出新闻专稿的含义、分类、播音特点；</td><td>10</td></tr>
<tr><td>2. 选择一篇课堂训练例稿进行备稿，写出分析笔记，并播音；</td><td>技能训练</td><td>2. 掌握人物通讯的播音要求；
3. 备稿六步齐全，分析准确；
4. 播音基调正确、语言规范、播音流畅；
5. 层次清晰、状态积极、情感充沛、节奏富于变化；</td><td>20</td></tr>
<tr><td>3. 以小组为单位，策划一期人物通讯播音节目，采访、撰稿、编辑、播音、制作成播音节目。</td><td>作品评审</td><td>6. 运用叙述、描写、议论、抒情等不同语言样式对新闻专稿进行播音；
7. 策划、文稿、稿签齐全；
8. 播音基调正确，状态积极；
9. 节目导向正确，主题突出；
10. 语音规范、播音流畅，节奏富于变化，节目编排合理、制作精良。</td><td>50</td></tr>
<tr><td>（二）过程与方法目标</td><td>合作完成节目成品的过程表现。</td><td rowspan="2">综合评价</td><td>1. 获取、搜集、整理信息，甄选有价值的信息；
2. 制订、实施工作计划；
3. 分析、发现、解决问题；
4. 具有运用理论知识的能力；
5. 及时完成工作任务。</td><td>10</td></tr>
<tr><td>（三）情感、态度、价值观目标</td><td>出勤纪律、工作态度（违反第一条，10 分全无）。</td><td>1. 遵守工作纪律，自我约束力强，不迟到、早退、旷课；
2. 有职业道德与社会责任感；
3. 有较强的新闻敏感性，有一定的新闻工作者的人文关怀意识；
4. 语言沟通能力、组织协调能力强，与团队成员团结协作，共同完成工作任务；
5. 实事求是地完成工作评价，给出合理分值。</td><td>10</td></tr>
<tr><td colspan="5">评分标准：优 90—100 分，良 80—89 分，及格 60—79 分
总分 = 自我评分（20%）+小组评分（30%）+教师评分（50%）</td></tr>
<tr><td>改进建议</td><td colspan="4"></td></tr>
</table>

项目二　人物通讯播音

课前热身：（对最美女教师张丽莉舍己救学生的事迹进行评述；评述事实清晰、准确，情感正确、态度鲜明、状态积极、语言流畅；时长3分钟。）

最美女教师张丽莉

客车撞来瞬间，她奋力推开学生

被轧后清醒时，她说要先救学生

2012年5月8日晚，在黑龙江省佳木斯市，正当佳木斯市第十九中学一群学生准备过马路时，一辆客车突然失控冲了过来，与前方停在路边的另一辆客车追尾相撞，被撞客车猛力冲向正要过马路的学生。危险瞬间，本可以躲开逃生的女教师张丽莉，奋不顾身去救学生，自己被卷入车轮下，双腿粉碎性骨折，高位截肢。

学习目标：了解人物通讯及其写作特点，掌握人物通讯播音的要求与技巧，运用人物通讯的播音技巧进行人物通讯播音。

情境导入：

一个警察的人生选择

在青海玉树有这样一名警官，在他的人生中曾经有过很多次选择，但他的决定都是继续干自己艰苦的工作，长年繁重的工作最终压垮了他的身体。今年7月18日，他永远离开了他心爱的高原事业。他就是王成元，全国公安系统二级英模，青海省玉树藏族自治州公安局原副局长、交警支队原支队长。

2010年玉树地震后第三天，负责指挥灾区交通的王成元，向《焦点访谈》记者介绍他们的工作情况。

震后玉树地区各种车辆由平时的3 000多辆陡增到了3万多辆，整个结古镇变成了一个拥堵的停车场。为了确保救灾生命线的畅通，王成元率领仅有的30多名交警24小时日夜指挥疏导交通。嗓子喊到嘶哑，胳膊打手势打到肿痛。

抗震救灾、抢救生命，每个人都在超负荷工作，但是熟悉王成元的人都知道他是在“玩命”。很难想象此时的王成元是一名胃癌患者。经过了八次化疗，他的胃已经被切除了三分之二，医生叮嘱他一天要吃六七次饭。然而为了生命通道的畅通，王成元顾不上吃东西，哪里拥堵他就冲到哪里。

交警支队驾驶员尼玛江才特地给记者看了一张照片，照片中的王成元又黑又瘦，端着饭。而旁边的尼玛江才就像一名监工，眼睛死死盯着王成元。尼玛江才告诉记者，他当时逼王成元吃东西，是因为他目睹了王成元多次晕倒在工作岗位。

王成元的同事告诉记者，其实王成元在地震前就可以调离玉树。王成元是青海互助县人，2004年，担任青海省公安厅交警总队高速公路支队副政委的王成元接受重任，从省会西宁来到条件艰苦的高原缺氧地区玉树，担任玉树州交警支队支队长。当时玉树黑车猖獗、交通混乱，王成元受命整顿黑车，恢复交通秩序。几年下来，玉树的交通状况大有改观，然而严酷的自然环境和忘我的工作摧垮了王成元的身体。2007 年，王成元被诊断出身患胃癌，经过手术和难熬的 8 次化疗后，同事和亲友都劝说他调回西宁。

王成元身患绝症，在抗震救灾一线坚守岗位的事迹，经过媒体的报道，当时青海省领导得知后，批示要将王成元调回省公安厅工作。可王成元的选择再一次出人意料。他说："我走了，那不成一个逃兵了吗？抗震救灾需要我们，玉树重建还需要我们，走掉的话，以后看见这些领导，看见玉树人，我低着头会羞死的。"

震后五年的玉树，展现在人们面前的是一座崭新的交通现代化的城市。原来三条路一个信号灯的结古镇已经建成四横十六纵的交通网络，94 个交通信号灯、各种监控摄像头、人行斑马线、隔离带，规整分明、井然有序，跟震前相比，实现了跨越 20 年的目标。交警执勤，手势规范，特别建立的女子交警中队，倡导人性化执法，成为玉树街头一道亮丽的风景线。这些都倾注了王成元极大的心血。

白天要上路整治交通，开各种会，晚上回到帐篷板房，还要规划重建蓝图，繁重的任务再一次压垮了王成元的身体，他的身体一天比一天消瘦，同事们都劝他回西宁看病休息，他总说要等到重建完成。

2013 年底，玉树三年重建宣告胜利完成，然而病魔这时又一次向王成元袭来。2014 年 4 月，他被确诊胃癌复发，王成元一边治疗一边坚持工作。2014 年 8 月，再也坚持不住的王成元又一次作出了一个出人意料的决定，辞去公安局副局长和交警支队支队长的职务，回家治病。

2015 年 7 月 18 日，王成元在北京就医时去世，年仅 52 岁。7 月 19 日，王成元的战友和同事们用最庄严的仪式迎接他回家。直到生命的最后时刻，王成元牵挂的还是玉树的交通，他实现了自己的誓言。

王成元用行动和意志诠释了什么是人民警察的责任与担当。他没有豪言壮语，只有朴实的付出；他没有惊天壮举，只有默默的奉献。这是他的本色，也是他的本分。王成元，我们要记住这个名字，因为我们赞赏这样的人，需要这样的人，更离不开这样的人。

（2015 年 11 月 13 日中央电视台《焦点访谈》）

一、人物通讯的定义及写作特点

人物通讯是通过详细叙述人物感人的言论和行为，表现人物的思想品格，揭示人物的精神境界的新闻稿件。目的是弘扬真善美，在全社会树立学习榜样，推动社会精神文明发展。

人物通讯在写作上一定要真实可信。通过描述人与自然的矛盾、人与人的矛盾、人物内心矛盾来刻画人物形象，使其有血有肉、有感情、有性格。

写作时，还要注意处理好先进人物与周围人物的关系。可以通过周围人物的言行间接表现主要人物，但不要把先进人物写成神，不要把先进人物孤立起来，不要把周围人物都当作陪衬。

二、人物通讯播音的要求

在深刻分析、理解稿件内容的基础上，充分展开想象，运用情景再现，细致感受稿件描写的情景。表达时要做到：

内容准确、吐字清晰、层次分明、语意抱团。

基调准确、情绪饱满、态度鲜明、感情真实、表达朴实。

形象鲜活、表达灵活、分寸得当。

三、人物通讯播音技巧

深刻分析人物通讯的内容、细致感受人物通讯的情景，在产生真情实感的基础上，准确把握基调和具体的语气节奏，形象生动、真实感人地完成人物通讯的播音任务。

课堂训练

1. 分小组各选定一条人物通讯，共同备稿（对稿件可以适当缩编），查找背景，明确播出目的，确定基调。

2. 每位同学按照备稿要求对人物通讯进行深刻理解、细致感受，并搜集画面，配合画面进行播音练习。

例稿3.2.1

程不时

程不时是新中国航空事业的见证者，他参与了新中国第一批飞机工厂及航空发动机工厂的建厂设计，后担任中国设计的第一架大型喷气式客机“运 –10”的副总设计师，负责总体设计。

20 世纪 70 年代的工作、生活条件是极其艰苦的，但程不时和同事们所运用的方法和技术，在当时也是世界一流的。他和他的同时代人，秉承“自力更生、艰苦奋斗”的作风，使当时中国的民用航空器的研制水平接近了世界航空巨头美、苏以及欧洲的高度，填补了中国大型客机研制的空白。虽然“运 –10”项目中途下马，但在 20 年之后，“运 –10”的科研成果成为中国自主研发商用大飞机的基础。

2017 年，中国商用大飞机 C919 成功首飞，在欢呼庆祝的人群中，人们看到 87 岁的程不时泪湿双眼。

从 1970 年我国自主研制的“运 –10”飞机立项到 C919 成功首飞，中国人的大飞机之梦穿越了 47 个春秋，作为“运 –10”和 C919 飞机的设计师，程不时亲历了这一梦想艰辛的历程。

（中央电视台 2017 年度“感动中国十大人物”）

例稿3.2.2

致敬中国女排

今天，十几亿中国人再一次被远在里约的十几位中国姑娘和她们的教练感动。在里约奥运会女排决赛中，中国女排在不被看好的情况下，以 3 ∶ 1 战胜强大的塞尔维亚女排，取得了震撼人心的胜利，时隔 12 年再次站上奥运会的最高领奖台！

从落后、追平、焦灼到锁定胜局，这一场冠军争夺战打得惊心动魄。对手塞尔维亚队在本届奥运会中展示出了绝佳的实力和超强的斗志，在小组赛中，就以 3 ∶ 0 的大比分击败过中国女排，几乎没有人认为中国女排能够赢过她们。赛前，国际排联终身名誉主席魏纪中就坦言：“中国女排很难获胜。因为塞尔维亚的进攻非常强，我们很难防守得住。”

然而，面对这样强大的对手，中国女排姑娘们并没有泄气，正如队长惠若琪赛前所说：“我们就算有百分之一的希望，也 会尽百分之百的努力。”

今天的决赛可谓一波三折。第一局，中国女排以 19 ∶ 25 落败。第二局、第三局，中国队占据场上主动，以 25 ∶ 17、25 ∶ 22 连拿两场，局分变为 2 ∶ 1。

到了关键的第四局，女排姑娘显示出必胜的决心和信心。塞尔维亚队毫不示弱，力争背水一战。双方比分交替上升至 13 ∶ 13、16 ∶ 14、19 ∶ 16、20 ∶ 20。决胜时刻到来了，朱婷连续得分，惠若琪打探头球，中国女排 25 ∶ 23 锁定胜局。时隔 12 年，中国女排重返奥运之巅！

回看中国女排的里约奥运之路，走得异常艰难。小组赛中，中国队被分到了“死亡之组”，首战 2 ∶ 3 输给了荷兰队，以 2 胜 3 负的成绩排名小组第 4，艰难出线。在四分之一决赛中，中国女排遭遇了卫冕冠军、东道主巴西队。这是一场几乎所有人都认为不可能赢的比赛。巴西队占据天时地利人和，中国队的每一次发球，全场都发出振聋发聩的嘘声和口哨，每一次巴西队得分却是震天响的欢呼和掌声。尽管巴西观众呐喊愈加强烈，尽管巴西女排依然扣杀凌厉，尽管中国女排先输一局，尽管现场已经有记者写出“0 ∶ 3 中国女排完败”的标题，但郎平和姑娘们说，我们有上亿球迷在远方观战，我们不孤单，他们越嘘我们，我们越要打好球，狠狠地打。最终，中国女排以 3 ∶ 2 赢得比赛，惊天逆袭。

在半决赛中，中国队又遭遇荷兰队。郎平说：“今天就是要杀出一条血路，就是你死我活，一分一分去拼了。” 北京时间 8 月 19 日上午，“郎家军”再度感动中国。凭借顽强的斗志、关键时刻的出色发挥，中国女排以 3 ∶ 1 力擒荷兰女排，时隔 12 年、第 4 次闯入奥运决赛。

忍得住、耐得住，坚持到最后，顽强拼搏、不屈不挠、为国争光，中国女排用实际行动诠释了什么是女排精神。

有人戏称，里约奥运会上女排获得的这枚金牌，似乎比别的金牌“个头儿”都大。这有一定道理，因为这枚金牌包含着一个民族的记忆。从 20 世纪 80 年代初中国女排的神奇崛起，到世界杯、世锦赛、奥运会的“五连冠”的巅峰，中国女排成为那个时代最耀眼的明星，而女排的拼搏精神也成为激励国人的最强音。虽然后来中国女排几经挫折、磨难、沉浮，但根植于这支队伍的拼搏精神的基因始终存在。这次奥运会，小组赛女排就遭遇“开门黑”，之后无论是对阵巴西还是再次对阵荷兰，每一场比赛都是惊心动魄，常常是在比分落分的情况下一分一分追，最后成功实现逆转，或许这正是女排精神最让人动容的地方。

用一个体育比赛的项目来命名一种精神，这也许是一个项目、一支队伍所能获得的最高的荣誉了。女排，正是这样一个在中国人心目中有着特殊地位的体育项目。中国女子排球队，曾经在 20 世纪 80 年代实现了世界冠军的“五连冠”，女排姑娘也因此成为当时中国的全民偶像。而这一切，都要从 35 年前，也许是中国体育史上最著名的一场比赛说起。

1981 年 11 月 16 日，日本大阪市举办了第三届排球世界杯赛，中国女排在连胜六场后杀入决赛。中国女排在决赛中的对手是日本队，当时的日本女排队曾经六次获得过世界冠军，被称为“东洋魔女”，实力非同一般。

比赛开始了，日本队占据着主场优势。然而中国姑娘就是奔着冠军来的，很快，中国队拿下了第一局、第二局。

按照当时的赛制计算小分的方法，不管下面的比赛结果怎样，中国队此时其实已经获得了冠军。

姑娘们一松气，被日本女排连追两局。

这时，中国队主教练袁伟民叫了暂停。他说了一段让郎平后来一直难忘的话：“你不要以为你已经拿了世界冠军，如果是说输了这场球，你等于做了夹生饭，或者夹个尾巴。你不是以全胜的战绩拿世界冠军，你最后是输给日本，你算小分拿了世界冠军，你并不是很光荣。”

比赛重新开始，中国女排姑娘们每个人都奋力拼搏。

记分牌最后定格在17：15，中国队七战七捷，以无可争议的实力获得了世界冠军。领奖台上，姑娘们泪洒衣襟。电视机前，中国人集体欢庆。激动的人们走上街头，自发进行庆祝。20世纪80年代初的中国，刚刚步入改革开放。无论是经济实力，还是体育水平，都和世界强国相比有一段距离。在这之前，曾有外国人断言，中国人只能玩“小球”，“大球”要想走向世界，那是不可能的。因为在此之前，中国人在大球项目上，从来没有拿过世界冠军。中国人渴望胜利，也需要一场这样的胜利。中国女排拿到的冠军，无疑让全中国人都感到扬眉吐气。女排姑娘这种顽强拼搏、为国争光的精神，也被大家称为“女排精神”。全中国掀起了学习女排精神的热潮。

1981年到1986年间，中国女排在世界杯、世界锦标赛和奥运会上蝉联世界冠军，成为世界女子排球历史上第一支连续五次夺魁的队伍。

2004年奥运会之后，中国女排开始出现滑坡。2013年4月，跌入低谷的中国女排又一次迎来了郎平。

在出发前，郎平多次表示身体条件已不允许她担任国家队教练这样一个高强度、高压力的工作，然而接过教鞭的郎平按照自己的计划，一步步调教队伍，朱婷、袁心玥、张常宁……一个个年轻好手脱颖而出。

2014年世锦赛，亚军！

2015年亚锦赛，冠军！

2015年女排世界杯，冠军！

2016年里约奥运会，冠军！

中国女排令人感动，这是一种绵延了35年的感动。从1981年中国女排首次夺得世界杯冠军起，“团结奋斗、顽强拼搏、勇攀高峰”的女排精神就一直深植于这支光荣集体，并曾经深刻影响了整整一代中国人。中国女排这股永不服输、永不言败的倔劲儿，这种狭路相逢勇者胜的拼劲儿，这种愈挫愈奋百折不挠的韧劲儿，不仅成为中国女排的精神气质，也成为中华民族的精神写照。里约奥运会上女排这枚金牌，之所以引起全体中国人强烈的共鸣，就在于这枚金牌中蕴含着宝贵精神的含金量，实在是太高了！顽强拼搏，为国争光，又何止在赛场，这同样是我们每一个中国人实现伟大民族复兴中国梦的精神动力。致敬，中国女排！致敬，女排精神！

(2016年8月21日中央电视台《焦点访谈》)

例稿3.2.3

吴菊萍

2011 年 7 月 2 日下午，杭州滨江白金海岸小区。两岁的妞妞趁奶奶不注意，爬上阳台外的晾衣竿，突然从 10 楼坠落。楼下过往的人们望见便厉声尖叫起来。这一叫，把吴菊萍给唤了过来。只见她踢掉高跟鞋，张开双臂，冲过去接住了妞妞。

被紧急送往医院后，吴菊萍被诊断为左手臂多处粉碎性骨折，断成三截，预计半年才能康复。逃过一劫的妞妞在十天后苏醒过来，开口叫了“爸爸”“妈妈”。

“这是本能，是一个母亲应该做的事情。”躺在病床上，吴菊萍一脸平静。事件发生时，她的孩子只有七个月大，尚在哺乳期。

荣誉铺天盖地，吴菊萍保持了清醒的认识。“我只是普通人，问心无愧就好。”公司奖励了 20 万元，她留作自用，为此背负了不少压力。“我需要好好生活，好好工作，才有能力去帮助身边的人。”的确，赡养父母、培养孩子、还房贷……任何普通人都无法对这些现实问题视而不见。

“我会把重心调整回工作、家庭中来，减少媒体活动。”吴菊萍年后将重返工作岗位，她最大的心愿是看着妞妞与自家孩子健康长大。

（中央电视台 2011 年度“感动中国十大人物”）

训练提示：对人物通讯深刻理解、细致感受，有画面的可以配合画面出声练习。努力做到形象生动、真实感人。

任务拓展

1. 各小组根据所给人物通讯例稿，撰写一档人物通讯节目策划，并播音、制作成人物通讯播音节目。

2. 自主搜集人物通讯素材，撰写节目策划文案，播音、编辑、制作成一档人物通讯播音节目。

问题思考

1. 什么是人物通讯？人物通讯在写作上有什么特点？

2. 人物通讯播音有什么要求？

评价方法

考核表

考核模块	考核内容	考核方式	考核点	分值
(一)知识与技能目标	1. 对人物通讯播音理论知识进行回顾、总结;	理论测验	1. 准确说出人物通讯的定义、特点、播音要求;	10
	2. 选择一篇课堂训练例稿进行备稿,写出分析笔记,并播音;	技能训练	2. 掌握人物通讯的播音备稿方法; 3. 备稿六步齐全,分析准确; 4. 播音基调正确、语言规范、播音流畅; 5. 状态积极、层次清晰、情感充沛、节奏富于变化;	20
	3. 以小组为单位,策划一期人物通讯播音节目,采访、编辑、播音、制作成播音节目。	作品评审	6. 运用人物通讯播音的备稿方法进行播音前的准备; 7. 能够运用叙述、描写、议论、抒情等不同语言样式对人物通讯进行播音; 8. 策划、文稿、稿签齐全; 9. 播音基调正确,状态积极,把握专稿播音语体的特点; 10. 节目导向正确,主题突出; 11. 语音规范、表达流畅,节目编排合理、制作精良。	50
(二)过程与方法目标	合作完成节目成品的过程表现。	综合评价	1. 获取、搜集、整理信息,甄选有价值的信息; 2. 制订、实施工作计划; 3. 分析、发现、解决问题; 4. 具有运用理论知识的能力; 5. 及时完成工作任务。	10
(三)情感态度、价值观目标	出勤纪律、工作态度(违反第一条,10分全无)。		1. 遵守工作纪律,自我约束力强,不迟到、早退、旷课; 2. 有职业道德与社会责任感; 3. 有较强的新闻敏感性,有一定的新闻工作者的人文关怀意识; 4. 语言沟通能力、组织协调能力强,与团队成员团结协作,共同完成工作任务; 5. 实事求是地完成工作评价,给出合理分值。	10
评分标准:优 90—100 分,良 80—89 分,及格 60—79 分 总分 = 自我评分(20%)+小组评分(30%)+教师评分(50%)				
改进建议				

项目三　事件通讯播音

课前热身：请对城市青年热衷骑共享单车现象进行评述。（要求叙述事实准确、条理清晰；评论观点正确、态度鲜明、状态积极、语言流畅；时长3分钟。）

学习目标：了解事件通讯及其写作特点，掌握事件通讯的播报要求，运用事件通讯播音技巧进行事件通讯播音。

情境导入：从2000年以来，随着中国金融、通信业的快速发展，借助手机、固定电话、网络等通信工具和现代的电信网银技术实施的非接触式诈骗犯罪可以说是迅速地发展蔓延，给人民群众的财产造成了很大的损失。2017年，仅银联挽回的电信诈骗损失就超过1亿元。尤其是花季少女徐玉玉因电信诈骗而导致死亡，引起全国轰动。

伪基站遇到真高手

电信诈骗让人深恶痛绝，如同过街老鼠，人人喊打，但即便如此，电信诈骗这只老鼠仍然是十分的猖獗，而且还不停得手。有时，即便是受害人发现上当之后马上报警，要想追回案款，往往很难。怎样才能够更加有效地打击电信诈骗，阻断电信诈骗的黑链条呢？

去年，深圳市公安局宝安分局接到举报，班先生报案称：只是点击了手机上的一个短信链接，银行卡就被盗刷了11.3万元人民币。案发后，警方对涉案链接进行了初步串并，发现全市类似发案已有10余起。

专案组历时50多天，到2016年8月11日为止，共抓获了犯罪嫌疑人15名，也揭开了此类案件以伪基站为依托的诈骗手法。

伪基站是不法人员组装生产的“三无”产品，功率非常大，能将用户与正常的运营商基站强行断开，持续搜索以其为中心，数百米至几公里半径范围内的手机用户，并且冒用公众服务号码或者任意手机号码，强行向用户手机发送诈骗信息，每小时可发送数万条信息，危害巨大。

仅2016年第一季度，利用伪基站发送非法木马链接的诈骗，就排在了深圳市电信网络诈骗案数量的第一位。

从这个打击伪基站的监测系统来看，深圳警方对伪基站犯罪的打击效果很明显。

2017年1月19日，记者通过深圳的“打击伪基站监测系统”随机查看发现，当天上海的伪基站数量是17个、沈阳74个、广州129个、武汉323个、大连424个、成都432个、西安515个、重庆687个。而北京的伪基站数，从上午的496个，下午增加到了872个。

为了加强对伪基站发送钓鱼信息等电信网络诈骗的打击，2016年8月，深圳市公安局在刑事侦查局专门开辟了600多平方米的场地，成立了由银行、通信等相关机构共同组成的“深圳市反电信网络诈骗中心”。

除了八大银行，还有三大运营商和腾讯公司，也带着技术资源和受理权限，进驻深圳市反诈骗中心。该中心设立了宣传防范、银行协调、通信协调、打击破案、机制建设、综合保障等六个工作组，每个工作组由行业主管部门的领导来牵头。

深圳市反诈骗中心实现了各部门和各种资源的融合，可在第一时间做到紧急止付。接到警情后，工作人员立马将涉案的银行账户、卡号等信息录入系统，并迅速在网上下达一条处置指令给银行协调组。

目前，全市39家境内商业银行，全部与市反诈骗中心实现涉案账户“先止付、后补办手续”以及“24小时实时响应”的工作模式，同时各商业银行还按照市专项办的要求，自行向总行申请权限，打通本地分行与外地分行的查询和冻结通道，做到“立足深圳、覆盖全国”。

深圳市反诈骗中心还启动“快速关停”措施。接到警情后，工作人员会在第一时间把涉案的电话号码、微信号码、QQ号码等信息录入系统，再由通讯协调组“快速关停”。

电信诈骗用伪基站、木马病毒等技术手段，相应地，我们就要硬碰硬，用现代的技术手段来侦破；电信诈骗有着完整的黑链条，相应地，我们反诈骗也需要向包括电信运营商、平台和银行在内的社会部门发出集结令，调用上下游资源，利用大数据分析，动用全链条打击，让诈骗分子落入法网。电信诈骗这只“老鼠”虽然猖獗，但是，只要我们达成共识，真抓实干，犯罪分子终将会抱头鼠窜。

（2017年2月28日中央电视台《焦点访谈》）

一、事件通讯的定义及其写作特点

事件通讯是指通过详细叙述一个引人关注的事件发生、发展、变化的过程，说明一个问题，表现一定的思想意义的新闻稿件。

事件通讯一般按时间顺序写，从事情的发生、发展、变化，写到结果。为了叙事生动、主题集中，有时也有倒叙、插叙。

事件通讯主要为正面报道，提倡、弘扬某种思想、精神，也有少数揭发或提出社会问题的。

二、事件通讯播音的要求

叙事清楚：弄清事件发展脉络，说清楚何时、何地、何人、何事、原因、结果。

态度鲜明、感情饱满：联系事件发生的背景，明确报道目的，从而做到态度鲜明、感情饱满。要突出有典型意义的情节、细节，有起有伏地描述事件进程、高潮，避免平铺直叙。

三、事件通讯播音技巧

深刻分析事件通讯的内容、背景，在明确报道目的的基础上，准确把握基调，态度鲜明、感情饱满地完成事件通讯的播音任务。

课堂训练

1. 分小组各选定一条事件通讯，共同备稿（对稿件可以做适当缩编），查找背景，明确播出目的，确定基调。

2. 按照备稿要求对事件通讯进行深刻理解，细致感受，有画面的可以配合画面进行练习。

例稿3.3.1

新纪录 实现太空中期驻留

今天下午，在太空遨游了33天的两名航天员景海鹏和陈冬，顺利降落在内蒙古主着陆场。航天员报告：神舟十一号已顺利返回，感觉良好。这标志着天宫二号与神舟十一号载人飞行任务取得圆满成功。这次两位航天员太空驻留时间超过30天，创造了中国航天史的新纪录。回顾这次太空旅行，权威专家说：整个过程，可以用“顺利”来评价。这一是指神舟十一号和天宫二号上的设备运转没有出现任何问题，表现出色，不负众望；同时也是指航天员的在轨状态极好，“中期驻留”如期实现，运输、对接、实验等三大预定任务都顺利完成。

2016年11月18日下午14时7分，中国载人航天工程总指挥张又侠宣布：天宫二号与神舟十一号载人飞行任务取得圆满成功。

天宫二号和神舟十一号载人飞行任务圆满成功，首次实现了我国航天员中期在轨驻留，并开展一批体现国际科学前沿和高新技术发展方向的空间科学与应用任务。中国载人航天工程办公室主任王兆耀表示：“天宫二号和神舟十一号载人飞船任务圆满完成，胜利实现了稳定运行、健康驻留、安全返回、成果丰硕的任务目标。”

回顾33天的太空之旅，我们可以看到，当初设定的三大任务目标全部实现了。

这次太空之旅三大任务目标的第一项就是“为天宫二号空间实验室在轨运营提供天地往返运输服务，考核验证空间站运行轨道的交会对接和载人飞船返回技术”。

航天科技集团神舟载人飞船系统总设计师张柏楠告诉记者：“这次咱们的轨道变化，从以往343千米轨道高度交会对接，到393千米轨道交会对接，本身两者之间差距并不是很大，都在神舟飞船的设计范围内，但可能会影响很多的问题，比如说我们的发电特性、热的特性、测控的特性等各个方面，这些变化如果没有考虑全面，或者我们忽视了一些环节，往往会酿成很严重的后果。”

经过在太空中的5次变轨、4次停泊，2016年10月19日凌晨，神舟十一号飞船与天宫二号自动交会对接成功，航天员景海鹏、陈冬进入天宫二号。10月20日，在北京航天飞行控制中心的精确控制下，天宫二号和神舟十一号组合体完成了一系列姿态调整。

北京航天飞行控制中心副总工程师孙军说："天宫在倒飞姿态下迎接了神舟十一号的交会对接，从这次实施的情况来看，这次轨道维持的效果达到了预期目的。"

本次太空之旅"三大任务目标"中的第二项是"与天宫二号空间实验室对接形成组合体，进行航天员中期驻留，考核组合体对航天员生活、工作和健康的保障能力以及航天员执行飞行任务的能力。"

和上一次天宫一号的环境相比，这一次天宫二号的环境被科研人员戏称为"温饱奔小康"。比起简装的天宫一号，天宫二号可算得上是"精装两居室"。

当年地板上的软垫，这一次换成了硬地板。吃的食物有100多种，兼顾了航天员的个人喜好，还包括茶水和零食。通讯设施也从有线变成了无线，方便了航天员与地面人员的通讯；健身器材更是从一辆自行车变成了自行车加跑步台。

10月20日，刚刚进入天宫二号的航天员景海鹏就进行了太空跑步训练。地面指示航天员的锻炼时间是每天半个小时，可是在进入天宫的第三天，景海鹏就兴奋地跑了1个小时。显然这套健身器材很合航天员的心意。科研人员告诉我们，通过30天的实践检验，这个太空跑步台有望成为未来空间站最重要的健身设备。

按照计划，地面科研人员持续每天实时上传《新闻联播》，此外还推送了航天员喜爱的其他节目。在天宫二号上航天员还实现了与地面沟通信息、传递邮件，与亲朋好友进行音视频交流。航天员反映，通话音质比以前好了太多，而且能进行双向高保真音乐的传输，音质水平比MP3、MP4的音乐效果还要好。航天员还反映，整个天宫二号平台的降噪设施很不错，睡觉时的噪音比过去降了十几分贝，这都使得航天员们在太空中的体验更好。航天中心总体室主任吴大蔚表示，两位航天员"在天上吃得好，工作得好，睡眠的状态也很好。"

10月24日，在天宫二号执行飞行任务的航天员景海鹏，在太空度过了他50岁的生日。细心的工作人员不仅给景海鹏准备了生日蛋糕，还为他送上了一份特殊的生日礼物——一张电子贺卡。世界各地的小朋友也纷纷向景海鹏送上祝福。

本次太空之旅"三大任务目标"第三项是"开展有人参与的航天医学实验、空间科学实验、在轨维修等技术试验以及科普活动。"

10月19日是航天员进入太空的第三天，也是他们从神舟十一号搬入天宫生活的第一天。下午4点，地面的工作人员对航天员进行了远程医疗天地协同会诊。

航天员景海鹏告诉大家："这件衣服很特别，它有好多粘扣可以打开，因为我们跟地面一样，要做B超，而且还有好多心电要连接，穿平时的衣服不太方便，所以它有好多撕开口。大家可以看到，边上有好几个开口，还有拉链。比如说量血压不方便，一拉，OK 啦。看见了吧，比较方便。（这套衣服）主要是实验服，虽然它不是很鲜亮，但是非常实用。”

既然要远程会诊、天地协同，就涉及天上地下的数据传输、语音图像互动。这些都是未来航天员长期驻留中必须面对的问题，这次太空驻留中对这些需求都进行了实验验证，完成了有人参与的航天医学实验、空间科学实验、在轨维修等技术试验以及科普活动。

在首次太空体检的 4 天后，10 月 23 日，作为“空间科学实验”的重要项目之一，由中国科学院研制的天宫二号伴随卫星从天宫二号上成功释放。

这颗 47 公斤重、相当于一台打印机大小的伴随卫星执行的是“小护士”一样的角色，可以从外部对飞行器进行故障检测，还可以完成其他地面指令。这样的小卫星正成为中国航天技术突破的新方向。10 月 24 日，伴随卫星就传回了首张高清大图——在距离天宫二号 29 米处拍摄的神舟十一号与天宫二号的合影。

既然说是为将来的长期驻留做准备，那么通过这一次航天员在太空中的一系列实验，我们也可以一窥未来空间站的影子。

太空中虽然一片寂静，但未来的空间站或许是生机勃勃的地方。因为这一次的驻留过程中，景海鹏和陈冬尝试了第一次在太空中养生物、第一次种植物。30 天的时间里，两位航天员勤勤恳恳、细心呵护，养活了 6 条蚕，种出了 9 棵菜。

太空种菜验证了失重环境下，水和养分能否正常传输，培育的生菜是否具备食用条件等课题。可以想象，未来的空间站里，绿色蔬菜是少不了的。和种菜相比，太空养生物显然更困难些。

“太空养蚕”是香港中学生太空搭载实验方案设计比赛中的获奖项目。刚上天不久的蚕宝宝，漂浮在景海鹏的手指尖、奋力扭动着圆滚滚的身子，体验着太空微重力条件下的失重飞行。这项试验采集到大量在太空微重力的环境下，蚕宝宝生长发育的数据。

因为是活物，为了把 6 条蚕带上太空，科研人员也是费尽心思。为它们特制了航天服和太空食品。经过 30 多天考验，证明这些装备好使、管用。中国航天科技集团五院 529 厂工程师赵丹妮介绍：“里面的蚕宝宝被一圈航天用的聚氨酯海绵包裹着，可以有效地减轻蚕宝宝上天的时候经历到的力学环境。这个东西就是蚕宝宝在太空的家了，这个小房子总共有 6 个，它两边这个绿色的东西，放了它的吃的，而这个膏状的绿色的物体就是桑叶。”

截至神舟十一号载人飞船返回之前，9 棵生菜长势喜人，6 条蚕都结了蚕茧。

在这次太空之旅中，人机协同在轨维修技术试验也得到了验证。通过交互软件和数据手套，航天员对机械臂操作终端系统进行控制。也就是说，航天员戴数据手套做动作，机械手也会做出同样动作。这项试验获得了大量珍贵数据资料，对未来空间站的长期维护将会非常重要。

1992 年 9 月 21 日，我国的载人航天工程正式制定了“三步走”的发展战略：第一步，发射载人飞船，建成初步配套的试验性载人飞船工程，开展空间应用实验；第二步，突破航天员出舱活动技术、空间飞行器的交会对接技术，发射空间实验室，解决有一定规模的、短期有人照料的空间应用问题；第三步，建造空间站，解决有较大规模的、长期有人照料的空间应用问题。本次任务正是第二步中的一场重头戏。它承前启后，交会对接是对关键技术的进一步检验，中期驻留更为建成空间站做了充分的准备。距离 2020 年实现第三步目标，为期不远了，今天的每次凯旋都是一级坚实的台阶，托举着我们迈向明天的目标。

（2016 年 11 月 18 日中央电视台《焦点访谈》）

例稿3.3.2

油溪桥村脱贫纪事

在湖南省新化县有两个小村庄，虽然地理位置相近，自然条件相同，但是这两个村子的贫富差距很大。为了让先富带后富，最近，县里把这两个村子合并组成了新的村集体。那么，并村之后的脱贫工作开展得如何呢？

油溪桥村位于雪峰山的山脚下，隔山相望的就是晨光村。两个村子这一带属于“三天不下雨就旱，下雨三天就涝”的石灰岩地质，老百姓全都靠天吃饭。最近五年，油溪桥村依靠集体的力量开山修路、围田造塘、发展稻田养殖业和乡村游，目前人均年收入已经达到了近万元。油溪桥村的日子一天天红火起来，晨光村的村民是看在眼里，急在心上。

因为老观念的束缚，晨光村除了传统的水稻种植外，并没有发展其他的产业，现在的年人均收入还不到 2 000 元。为了实现先富带后富，用油溪桥村的成功经验来改变晨光村的现状，推动产业的发展，几个月前，县里把两个村子合并组成了新的油溪桥村。

对于合村后新上任的村支部书记彭育晚来说，眼下最需要解决的难题就是彻底把老晨光村村民落后的观念转变过来，尽快推广稻田养殖业，让他们丢掉穷帽子。

然而，改变落后的观念，没有像彭育晚想象得那么简单。油溪桥村这几年靠着自己孵化鱼卵，养殖稻田鱼，没少赚钱。可老晨光村村民们觉得，在稻田里养鱼就不能施肥，稻子的产量就上不去。这样一来，大伙对于养鱼就一直没有心气儿。为了调动积极性，彭育晚这天就组织人送去了老油溪桥村自己孵化的鱼卵，但没想到却碰了一鼻子灰。

经过询问，彭育晚了解到，老晨光村的村民之所以对免费送来的鱼卵不感兴趣，主要是他们认为鱼卵成活率不高，产量无法保证，如果由政府给送鱼苗，看得见大小，分得清鱼种，万一养不活，政府也可以给兜底。

看来，老油溪桥村孵化鱼卵的成功经验并没有打动他们。要转变大伙这种“等、靠、要”的老观念，还得慢慢引导。既然大伙对稻田养鱼没心气儿，那就得想新法子。为这事儿，彭育晚和村干部们没少出去拜师取经。这天，他们就从永州请来了专家讲授技术，想利用老晨光村村集体的一块高山淤塘做试验田，搞莲藕套养。这次，就有村民站出来当众表态，愿意尝试。

半个多月后，高山池塘的清淤工作开始了。原来分属两个村的四百多名村民都义务投入到劳动中。有了这个产业，晨光村的脱贫就会有盼头。

（2017 年 6 月 11 日中央电视台《新闻联播》）

训练提示：对事件通讯深刻理解、细致感受，有画面的可以配合画面出声练习。努力做到态度鲜明、感情饱满、准确朴实。

任务拓展

1. 各小组根据所给事件通讯例稿，撰写一档事件通讯节目策划文案，并播音、制作成完整的节目。

2. 自主搜集事件通讯素材，撰写节目策划文案，播音并编辑制作一档事件通讯节目。

问题思考

1. 什么是事件通讯？事件通讯在写作上有什么特点？

2. 事件通讯在播报上有什么要求？

评价方法

考核表

考核模块	考核内容	考核方式	考核点	分值
（一）知识与技能目标	1. 对事件通讯播音理论知识进行回顾、总结；	理论测验	1. 准确说出事件通讯的定义、特点、播音要求；	10
	2. 选择一篇课堂训练例稿进行备稿，写出分析笔记，并播音；	技能训练	2. 掌握文件通讯的播音备稿方法； 3. 备稿六步齐全，分析准确； 4. 播音基调正确、语言规范、播音流畅； 5. 状态积极、层次清晰、情感充沛、节奏富于变化；	20
	3. 以小组为单位，策划一期事件通讯播音节目，采访、撰稿、编辑、播音、制作成播音节目。	作品评审	6. 符合事件通讯播音要求、备稿方法； 7. 运用叙述、描写、议论、抒情等不同语言样式对新闻专稿进行播音； 8. 策划、文稿、稿签齐全； 9. 节目导向正确，主题突出； 10. 语音规范、表达流畅，节奏富于变化，节目编排合理、制作精良。	50

续表

考核模块	考核内容	考核方式	考核点	分值
(二)过程与方法目标	合作完成节目成品的过程表现。	综合评价	1. 获取、搜集、整理信息，甄选有价值的信息； 2. 制订、实施工作计划； 3. 分析、发现、解决问题； 4. 具有运用理论知识的能力； 5. 及时完成工作任务。	10
(三)情感态度、价值观目标	出勤纪律、工作态度（违反第一条，10分全无）。		1. 遵守工作纪律，自我约束力强，不迟到、早退、旷课； 2. 有职业道德与社会责任感； 3. 有较强的新闻敏感性，有一定的新闻工作者的人文关怀意识； 4. 语言沟通能力、组织协调能力强，与团队成员团结协作，共同完成工作任务； 5. 实事求是地完成工作评价，给出合理分值。	10
评分标准：优 90—100 分，良 80—89 分，及格 60—79 分 总分＝自我评分（20%）＋小组评分（30%）＋教师评分（50%）				
改进建议				

项目四　风貌通讯播音

课前热身：介绍可爱的家乡。（描述家乡的自然风光、介绍家乡的文人景观；要求叙述重点突出、语言流畅、形象生动、情感真挚、声情并茂；时长3分钟。）

学习目标：了解风貌通讯及其写作特点，掌握风貌通讯的播报要求，运用风貌通讯的播音技巧进行风貌通讯播音。

情境导入：王丽到电视台实习，《社会广角》栏目组让她去乡村采访，看看改革开放以后乡村发生的一系列变化，然后写一条风貌通讯。为了开阔思路，她上网发现了一篇好文章。我们一起来看看。

穿越时空的城市名片——南锣鼓巷

这是三张城市的照片，如果我们不说这是哪里，您能判断出来是哪个城市吗？即使照片告诉您这是北京、成都、福州，您可能也很难一眼就看出它们的区别。可是，如果我们说起南锣鼓巷、宽窄巷子、三坊七巷，可能有很多人都知道它们在哪座城市。这些老街老巷成了一张张穿越时空的名片。但是，对于这些具有历史文化底蕴的街区，如何在保护与开发中找到平衡点，打造出属于自己的鲜明特色，是这些老街老巷面临的新课题。在国庆假期，这些历史文化街区再次人潮涌动，记者也前去进行了探访。

到北京旅游，说起老北京的风貌，很多人都会想到南锣鼓巷。每天一早，这里就会有无数游客慕名而来，填满了整个小巷。游客们年龄不同，来自地域不同，对南锣鼓巷的期望也不一样，有的是来看看老北京的胡同和它折射的历史，有的是来看看文化古迹，有的是奔着这儿的美食而来的。

南锣鼓巷始建于元大都时期，至今有700多年历史。因为中间地势较高，两头较低，像个人的驼背，所以最早得名罗锅巷，在清代改名为南锣鼓巷。

南锣鼓巷因北京的历史文化特色而闻名，但走进这条北京的胡同，发现它更像一条狭窄的小商业街。先看小吃，韩国的、意大利、美国的，还有国内各地的，甚至很多说不清是哪里的，可就是很难见到一家老北京风味的。终于看到一家老北京炸酱面的招牌，可是翻开菜谱，除了芥末堆儿、炸酱面，好像就没什么跟老北京有关系的了。

再看售卖商品的小店，大都起着一个颇耐人寻味的店名，可是很多商品在其他旅游景点也能看得到。

南锣鼓巷过去不是商业街，而是老北京人的居住区。早在10年前，南锣鼓巷还没有今天的名气，只是几个有胡同情结的商家，在这里开了几家咖啡屋和酒吧。

中央戏剧学院就位于南锣鼓巷东棉花胡同。当初，一群文艺青年把颇具北京历史文化特色的南锣鼓巷打造成京味儿文化的聚集地，渐渐地，南锣鼓巷有了名气，不断有商家自发地相中南锣鼓巷。10年间，这里商家汇聚，南锣鼓巷的名气也越来越大，但老北京的京味儿却越来越淡。今天，除了商家、游客，即使住在周边的北京居民，也难得来南锣鼓巷。好不容易，记者在巷子里见到一位值班的老奶奶。老人家告诉记者："吃的这些东西都不是北京人做的，这条街上没有老的了，老的少，我们胡同里还都是老街坊。"

元大都的居民区以坊为单位，南锣鼓巷两侧各八条胡同就是当时的两个坊，四周以街道分隔，所以老北京人大都把老邻居们叫做老街坊。走进两侧的胡同，身边顿时没有了南锣古巷的喧闹。记者带着好奇，探访老北京的四合院。古旧的门楼，虽然年久失修，但却充满了年代感，透过斑驳破损的门当，仍然能看出这院子里原来主人的身份。这里是炒豆胡同，清朝时期蒙古亲王僧格林沁的府邸，只不过过去的豪门大宅已经变成了大杂院，很难再看出原来四合院的规制。院子中间盖满了各家的房子，光瞧这门口的电表，就能看出院子里住了多少户人家。一位好心的大姐愿意带记者去看一看过去的四合院。

其实，四合院并不是简单的一个四四方方的院子，而是像"日"字形、"目"字形那样，院子套着院子，分为一进、两进、三进甚至更多。

走进大姐家的院子，比起前面的大杂院，真的是豁然开朗。院子里基本上保留了原来的规制，不过仍然有所改变。过去都讲究前廊后厦，现在屋檐下的回廊都被住户们接了出来，多了一些居住的空间，过去的飞檐翘角也因年久失修掉了下来。

老街坊们记忆中的南锣鼓巷，大都是青色的砖墙、茂密的林荫，而现在，几乎所有临街的地方都被打开，能开窗开窗、能开门开门、能打通打通，变成了各种店铺，就连这幽深的大杂院，曲里拐弯的，也被很多商家相中，改造后变成了店铺。

在商业规则主导下，南锣鼓巷的商业味儿越来越浓，而其特有的京味儿却越来越淡，发展到今天，给很多人留下的印象就是小吃一条街。

南锣鼓巷是北京最古老的街区之一。早在2002年，北京市就出台了《北京历史文化名城保护规划》，南锣鼓巷地区首批被列入25片历史文化保护区，《规划》明确强调，必须以"院落"为基本单位进行保护与更新，危房的改造和更新不得破坏原有院落布局和胡同肌理。2005年出台的《北京历史文化名城保护条例》进一步提出禁止违反保护规划的大面积拆除保护区传统建筑的行为，禁止建设突破建筑限制高度、容积率等控制指标的新建筑。可是多年来，在南锣鼓巷，小到店面装修，大到重新翻建，让南锣鼓巷离老街坊们记忆中的北京胡同越来越远。

现在，只有在南锣鼓巷周边的胡同里，人们才能偶尔见到一些老北京的民俗风情。闫群是南锣鼓巷帽儿胡同的老居民，周末休息的时候出来练个摊儿。走遍南锣鼓巷，还就是这家大碗茶茶摊儿，让人感到一些老北京熟悉的味道。来一碗高茉，没有任何添加剂。老板娘亲手熬出来的冰凉清爽的酸梅汤，浑身都透着舒爽。

在南锣鼓巷，不少游客是对这里众多的名人故居慕名而来的。明末大学士洪承畴，清代有名的大臣荣禄、文煜，蒙古亲王僧格林沁，末代皇后婉容的娘家，蒋介石行辕，国画大师齐白石，当代文学家茅盾，等等。遗憾的是，这些故居要么已经变成了大杂院，要么因为年久失修，没有对外开放。现在的南锣鼓巷，只有齐白石故居等有限的一两家接纳游客，众多的明清建筑、可供鉴赏的文化遗迹藏在这深宅大院里，大门紧锁，而游客们能够领略到的，也仅仅是"板儿爷们"的几句讲解。

很多外地游客来南锣鼓巷，主要是为了寻访和感受老北京的历史文化氛围，但这种特色已经很难寻觅了。

市场的自发性发展，最直接的结果就是同质化。距离南锣鼓巷不到一公里的后海边上，就有一条老北京著名的小商业街——烟袋斜街，仔细看，很多小店与南锣鼓巷几乎一模一样，这种近乎一致的雷同，其实也让南锣鼓巷失去了自己本来的特色。

在巷子口，记者看到巨大的显示牌，一句"年轻文化集合地"，似乎给了南锣鼓巷新的定位。可是，这年轻文化究竟是什么？又该如何与古老街区有机结合在一起呢？

北京建筑大学建筑遗产研究院教授汤羽扬表示：“我们觉得这个历史街区，它能见证这个城市的历史，能见证这个区域的发展的历史，而不仅仅是说我今天赋予了它什么。应该是你能看到它的延续性，老北京的文化，我们是应该尊重它，尽量保留它。”

来自北京市旅游委的消息，国庆长假的第二天，南锣鼓巷的游客就达10万人次。一条800米长、10米宽的街巷，涌动如此庞大的人流，显然已经不适合游览了。但这从另外一方面也证明，南锣鼓巷的商业开发是非常成功的。把一条原本并不太出名的北京老巷，打造成为全国知名的名巷，自有其值得借鉴的经验。目前，南锣鼓巷的商业味已经够浓了，作为具有悠久历史文化的街区，它特有的京味挖掘得显然不够。如果南锣鼓巷里的商品、店铺在任何一条商业街都能找到，古巷的魅力自然大打折扣。既然历史赋予了很多老街古巷独特的文化底蕴，那么就应该把商业味和文化味调剂好，让这些街巷能够散发持久而独特的魅力。

（2015 年10月3日中央电视台《焦点访谈》）

一、风貌通讯的定义及写作特点

风貌通讯是以反映社会生活、风土人情、自然风光和日新月异的建设成就为主的一种新闻题材。

风貌通讯往往从现实生活中选择典型的、有特色的地区或单位，抓住最新鲜的迹象，加以突出的描绘，勾画出事物发展过程中的新面貌，以帮助受众了解变化、开阔视野、增长知识。风貌通讯有的侧重于写自然风貌、人文景观、风情民俗；有的侧重于写社会动态和变迁；更多的是把自然风貌和社会风貌结合在一起，展示给受众的是一幅精美诱人的新景象。风貌通讯的写作特点如下：

1. 亲历观察，突出见闻

风貌通讯采写的关键，在于亲历观察，像带领读者去参观一般，娓娓动听地给人们介绍自己的所见所闻，将人们带进特定的意境之中。

2. 抓住特征，围绕“变”字做文章

风貌通讯从选材到谋篇布局，必须紧紧围绕一个“变”字，写某地、某单位的新变化、新面貌、新气象，以现实为主，并将历史情况、背景材料等适当地加入穿插，主要用以今昔对比，衬托今日的发展变化。同时，要善于写出动中之变，向人们展示正在变动的立体式画面。

3. 物我相融，再现迷人新景象

风貌通讯是反映风土人情的，作者在以叙事为主的同时，可以较多地穿插议论和抒情。作者应当饱含热情，进入角色，要善于将现场见闻、历史事实、群众对话、个人回忆等巧妙地糅合在一起，形成一幅幅情景交融的生活画面，从而激起人们感情的波澜和心理的共鸣。

4. 知识丰富，趣味浓厚

风貌通讯，常常以旅行为“经”，以历史地理、文化科学知识为“纬”，做综合立体交叉的记叙。人们喜欢风貌专稿，是因为里面有自己感兴趣的知识和情趣。

值得注意的是，风貌通讯中的知识和情趣，都是为表现一定的主题思想服务的。离开了主题思想，就变成“游离物”了。不能堆砌大量的知识，要少而精，恰到好处。特别是有关的历史地理知识，要有目的地引用，千万不要将其写成知识小品和情况汇报。在运用一些逸闻、传说、神话的时候，更要谨慎一点，防止误传。

二、风貌通讯播音的要求（播报技巧）

在深刻分析理解稿件内容的基础上，充分展开想象，运用情景再现，细致感受稿件描写的情景。表达时要努力做到：

1. 内容准确，脉络清晰

播报时要注意走访、观察事物的方位变化，步移景换，要有空间转换感。

2. 节奏舒展，朴实热情

播报风貌通讯时，心境要比较悠闲，语气要比较从容舒展，好像在说自己的所见所闻一样，但播报主题和目的必须明确，避免播散。

课堂训练

1. 分小组选定以下风貌通讯的部分段落，共同备稿（对稿件可以做适当缩编），查找背景，明确播出目的，确定基调。

2. 每位同学按照备稿要求对风貌通讯深刻理解、细致感受，并配合画面进行播音练习。

例稿3.4.1

互联之光　触摸未来

12 月 18 日，第二届世界互联网大会在中国乌镇落下大幕，这次大会代表了互联网发展最高的水平，也展现着互联网发展的未来趋势。作为这次大会重要组成部分的“互联网之光”博览会，就是这样一个充满着无限可能的梦幻舞台。

工业机器人、虚拟现实摄像机、平衡车、无人机……在两万多平方米的展厅内，汇聚了众多全球互联网创新的新技术与新产品。面对观众和各路同行，各家企业纷纷拿出自己的“看家绝活”。

百度无人车的展位，吸引了很多人前来一探究竟。无人车之所以能够实现无人驾驶，关键就是智能，而这种人工智能系统的搭建，需要三大要素：强大的机器学习算法、大数据以及计算能力。在这三大要素的构建上，基于互联网技术发展而来的公司有着极大的优势。12月10日，百度无人车在北京五环首次实现城市、环路及高速道路混合路况下的全自动驾驶。

互联网发展带来的生活便利，在这里也随处可见。基于微信的城市服务同样成为众人关注的焦点。在这个模块中，生活、政务、车辆、交通出行等业务不出门就可以办理。

智能机器人、5G通信技术、沃指数、全球网络攻击检测系统，在“互联网+”主题展区内，国内互联网领军企业搭设展台，内容涵盖“互联网+传媒、商务、产业、金融、城市与服务、网络安全”等六方面内容，这些都让人感受到科技创新以及互联网发展给人们生活带来的改变。而正在进行这种创新“革命”的不仅仅是一些大企业，一块专门的区域——创新魔方，同样吸引了众多目光。

在这个博览会专门设立的创新展区，有150多家成长型中小企业，展示着中国互联网经济的新活力。国家网信办副主任任贤良表示：“互联网未知远大于已知。他们说互联网就是草根狂欢的平台，会给大家提供无限的商机和创业创新的机会。”

除了中国企业，很多外国知名企业也来到“互联网之光”博览会，展示他们前沿的技术，与同行交流。

德国公司SAP这个基于大数据分析的体育赛事洞察系统，引来众人驻足观看。据工作人员介绍，这个系统背后是基于互联网搭建的强大数据计算和挖掘、分析、传输能力，这种能力其实不仅仅用在体育项目，也能用在工业以及医疗等和我们生活关系密切的领域，进行大数据的分析。

SAP的研究员告诉记者：“我们一直立足于跟中国的企业，跟中国的合作伙伴联合创新。愿意来到这里和大家一起互联互通，把整个的业界水平提高。”

国家网信办副主任任贤良强调：“通过这种交流，来把握互联网发展的最前沿的思想、理念，进一步解放思想，通过开放、通过交流，来共享并更进一步把握好这种发展的机遇。”

业界评价，这次“互联网之光”博览会是一次以互联网为主题，展示顶尖新技术、体验互动性极强，迄今国内规模最大的博览盛会。在它代表的趋势中，人类相互的理解和信任更加迫切，彼此的支持和配合更显重要。互联互通的“互”，是彼此携手；共享共治的“共”，是一起面对。只有这样做，互联网才有光明前景，全人类才有美好未来。

（2015年12月19日中央电视台《焦点访谈》）

例稿3.4.2

洞庭天下水　岳阳天下楼（节选）

洞庭湖

红日从洞庭湖中冉冉升起，夕阳在洞庭湖里火辣辣地落下。假如有两个村庄围着一个湖，对于城里人来说，这个湖已经够大的了，然而与洞庭湖相比，它实在不足挂齿，算不了什么。您知道吗？围绕着洞庭湖的是我们国家两个大的省份，北边叫湖北，南边叫湖南。

洞庭湖南接湘江、资水，西纳沅江、澧水，北通长江。“一条道路曲曲弯弯细又长，一直通往迷雾的远方。”是啊，流经湖南、湖北两省交界的长江，情形好像就是如此。

自古以来，每年汛期来到之际，长江的洪水就像脱缰的烈马。这时候洞庭湖就让洪水奔腾着闯入自己的怀抱，慢慢地安静下来。等到汛期过后呢，洞庭湖又让失去势头的洪水缓缓地回到长江。洞庭湖就这样在关键的时刻使规模巨大的矛盾趋于缓和以致得到平息。

洞庭湖年复一年地调节着长江的水位，减轻了洪水对长江下游地区的压力，但是也因此使大量的泥沙在湖里沉积了下来，因而逐年在缩小着自己的水面。正由于这个缘故，洞庭湖不得不让位给鄱阳湖降为我国第二大淡水湖。然而这些泥沙冲积而成的沙泥田，土层深厚、通透性好，而且含有大量的有机质，十分肥沃，很适宜作物的生长，号称“八百里洞庭”，成了我国著名的鱼米之乡。

每年盛夏，洞庭湖湖里湖外蛙声一片，稻花儿荷花儿满眼是花儿，处处飘香。

面对烟波浩渺、人欢鱼跃的洞庭湖，诗人会诗兴大发、浮想翩翩。但是不少对洞庭湖有所研究的人却另有一番感慨。他们认为，假如任凭泥沙无节制地在这湖中沉积，那么，要不了很长时间，在我们这块大地上，就有可能找不到洞庭湖了。

这并非杞人忧天。当今炎黄子孙们正在设法防止出现这样的局面。

洞庭湖大桥

岳阳楼

遥想三国当年，洞庭湖比现在辽阔多了。相传东吴君主孙权，曾经派大将鲁肃，在洞庭湖东岸建造高高的阅兵台。

鲁肃就在楼上检阅水师操练。所谓水师，用今天的话来说也就是海军吧。

到了公元 716 年，唐代的张悦驻守此地，他在鲁肃阅兵旧址修建了一座楼阁，定名为岳阳楼。

张悦是被贬到这里做官的。他经常在洞庭湖畔、岳阳楼上，与怀才不遇的官吏、文人们聚会，吟诗作文，抒发忧肠骚绪。

李白、杜甫、白居易、孟浩然、刘禹锡等唐代著名诗人都曾先后登楼吟诗作赋，其中有许多诗句都成了千古绝唱。

“楼观岳阳尽，川迥洞庭开。”（李白）

在这座怀甫亭里，我们可以看到唐代大诗人杜甫在这里写下的名诗：“昔闻洞庭水，今上岳阳楼。吴楚东南坼，乾坤日夜浮。”

“春岸绿时连云梦，碧波红处见长安。”（白居易）

据目前发掘和统计，仅仅唐代吟咏岳阳楼和洞庭湖的诗歌就有 168 首。

范仲淹·《岳阳楼记》

公元 1044 年，宋代滕子京也被贬守岳阳，他对岳阳楼进行了修整和重建，并且请好友范仲淹写了《岳阳楼记》。

范仲淹是太湖东边的苏州人，曾经做过参知政事，相当于副宰相。他不但是个政治家、军事家，而且是个才华超群的文学家。

他因为主张改革，遭到他人攻击而被贬到河南南阳，《岳阳楼记》正是他被贬之后写的。

《岳阳楼记》的正文只有360个字，它不但逼真地记述了洞庭湖的壮丽景色，而且还抒发了作者以天下为己任的伟大胸怀，比如“先天下之忧而忧，后天下之乐而乐”。这样的警句格言，近千年来，成了许多仁人志士为崇高理想而奋斗的座右铭。

范仲淹没有到过洞庭湖，只是根据滕子京提供的背景材料和一张图画就写成了不朽的《岳阳楼记》，这使人联想到养育范仲淹长大成人的太湖，它的风貌和性格，跟洞庭湖一定有许多共同之处：“予观夫巴陵胜状，在洞庭一湖。衔远山，吞长江，浩浩汤汤，横无际涯。朝晖夕阴，气象万千。”

君山的传说

有趣的是，太湖里有山名叫洞庭山，洞庭湖里的君山原先也叫洞庭山，洞庭湖就是因洞庭山而得名的。唐代诗人刘禹锡把“上下天光，一碧万顷”的洞庭湖比作一个白色的银盘，把俊秀的君山看作是银盘中的一枚青螺。他曾经写过这样一首美丽的诗：“湖光秋月两相和，潭面无风镜未磨。遥望洞庭山水翠，白银盘中一青螺。”

君山虽小，却有很多传说。相传在四千多年前，舜帝在南下巡视的时候死去了，他的两个妃子闻讯赶去吊唁，没想到在君山水断去路，凭吊无处，于是扶竹痛哭，悲痛欲绝，她们的血泪洒落在君山的竹子上，斑斑点点，点点斑斑，因此在人世间就出现了君山斑竹，真所谓“当时血泪知多少，直到如今竹上斑”。

二妃真的投水了，人们在君山造了坟墓，盖了庙宇，只是如今已经无处可寻了。

君山南侧的柳毅井，是后人根据唐代柳毅传书的故事开凿的。柳毅是个落第书生，在回家乡的途中碰到了一个牧羊女。她自称是洞庭龙王的女儿，因受丈夫虐待被赶出了龙宫。她拜托刘毅捎带书信给龙王，盼能早日得救回龙宫。后来几经周折，终于和善良的柳毅结为夫妻。这柳毅井中的水清冽甘美，用这水沏茶别有一番沁心的清香味儿。君山不但有好水，而且有好茶。因为君山茶叶的白毫犹如银针，所以这里的茶叶也就叫作君山银针了。

汨罗·屈原·龙舟竞渡

在洞庭湖东侧的这条江，论景色并非甲天下。然而，龙舟竞渡却在此江发祥，它就是屈原怀沙自沉的汨罗江。

“变白以为黑兮，倒上以为下。凤凰在笯兮，鸡鹜翔舞。邑犬群吠兮，吠所怪也。非俊疑杰兮，固庸态也。”

两千多年前，屈原满怀着对黑暗的憎恨，写完一生中的最后这首诗，告别人世，怀沙自沉了。当时，秦、楚、齐三强都想争雄称霸，统一中国。屈原不但有很高的文化素养，而且通晓国际形势。他要求严明法纪、选贤任能、改良内政，同时主张“联齐抗秦”，保全楚国的独立和安全。他遭到了腐败贵族们的反对和陷害，终于被赶出朝廷流放到洞庭湖畔。

在艰苦的流放岁月中，屈原忧国忧民，写下了以《离骚》为代表的许多不朽之作。在《离骚》这首诗里，屈原将他的思想、感情、想象、人格融合为一，通过绮丽绚烂的文采倾吐出自己的理想，表达出对昏庸王室和腐败贵族的愤恨，流露出爱国家、爱人民的深厚感情，使我们体会到一个苦闷的灵魂追求真理、追求光明而感到幻灭的悲情。

楚怀王不纳屈原的忠言，自己做了秦国的俘虏，国都也失落了。面对国破家亡的悲惨结局，屈原彻底地绝望了，于是在农历五月初五，以身殉国，用死明志。

屈原被埋在土坟之中，然而反动的贵族们对死了的屈原也不放过，妄图掘坟鞭尸。于是人们又垒了十一个土坟，以此来迷惑反动的贵族。

屈原投江自尽的新闻传开，当地群众立即包了许多粽子抛入江中，吸引鱼虾，以使屈原的遗体免遭伤害。相传端午节包粽子的风俗就是这样来的。

也是从那时候开始，各地人民都在端午节举行龙舟竞渡。传说屈原怀沙自沉以后，汨罗江的渔民纷纷出动寻找，只求尽快把屈原的遗体打捞上来，他们有的击桨，有的用扁担和木板划水，数十人同舟共渡争先恐后，一直追寻到浩瀚的洞庭湖。

龙舟竞渡在东南亚各国也都盛行，据说是从汨罗传出去的。日本朋友怀着对屈原的极其崇敬的心情，和汨罗人民一道参加龙舟竞渡。他们为能够在汨罗江参加这样一次龙舟盛会，感到非常荣幸。你看，他们用这种特有的方式，借汨罗江水在相互祝福。

人民没有忘记这位伟大的知识分子，两千多年来，屈原精神一直激励着人们为着理想，为着自由，为着真理，为着光明奋发向上。

（中央电视台纪录片《话说长江》第十四集）

训练提示：播音时，要置身于风貌通讯描绘的情景中，语气从容舒展，好像在说自己的所见所闻一样，表达要真实感人，声音和画面配合良好。

任务拓展

1. 各小组根据所给风貌通讯专稿，撰写出一档风貌通讯节目策划文案，并播音、制作成完整的节目。

2. 自主搜集素材资料，撰写策划文案，播音、编辑、制作一档完整的风貌通讯节目。

问题思考

1. 什么是风貌通讯？风貌通讯在写作上有什么特点？

2. 风貌通讯在播报上有什么要求？

评价方法

考核表

考核模块	考核内容	考核方式	考核点	分值
（一）知识与技能目标	1. 对风貌通讯播音理论知识进行回顾、总结；	理论测验	1. 准确说出风貌通讯的定义、特点、备稿方法、播音要求；	10
	2. 选择一条例稿进行播音；	技能训练	2. 掌握风貌通讯的播音特征、播音要求与技巧； 3. 播报语音规范、表达流畅； 4. 播报叙事清晰、新鲜感强； 5. 节目编排合理、主题突出；	20
	3. 以小组为单位，采访、撰稿、编辑、播音、制作成一期风貌通讯节目。	作品评审	6. 运用新闻专稿播音的备稿方法进行播报前的准备； 7. 根据风貌通讯的播音要求进行播音； 8. 策划、文稿、稿签齐全； 9. 节目导向正确，主题突出； 10. 语音规范、表达流畅，节目编排合理、制作精良。	50
（二）过程与方法目标	合作完成节目成品的过程表现。	综合评价	1. 获取、搜集、整理信息，甄选有价值的信息； 2. 制订、实施工作计划； 3. 分析、发现、解决问题； 4. 具有运用理论知识的能力； 5. 及时完成工作任务。	10
（三）情感、态度、价值观目标	出勤纪律、工作态度（违反第一条，10 分全无）。		1. 遵守工作纪律，自我约束力强，不迟到、早退、旷课； 2. 有职业道德与社会责任感； 3. 有较强的新闻敏感性，有一定的新闻工作者的人文关怀意识； 4. 语言沟通能力、组织协调能力强，与团队成员团结协作，共同完成工作任务； 5. 实事求是地完成工作评价，给出合理分值。	10
评分标准：优 90—100 分，良 80—89 分，及格 60—79 分 总分 = 自我评分（20%）＋小组评分（30%）＋教师评分（50%）				
改进建议				

项目五　新闻专稿播音综合训练

学习目标： 运用专稿播音的备稿方法、播音技巧，对例稿进行播音；自选教材中的训练例稿进行编辑、播音，并制作成完整的播音节目；自选题材、搜集素材，播音、编辑、制作成新闻专稿播音节目。

课堂训练

1. 人物通讯

例稿3.5.1

航天英雄杨利伟

北京时间10月15日凌晨5时30分，即距离神舟5号顺利升空三个半小时前，身着银灰色太空服的杨利伟向总指挥李继耐报告："请示出征。"

杨利伟，辽宁绥中县人，身高1.68米，大学文化，1983年6月入伍，现为中国人民解放军航天员大队三级航天员、一级飞行员，上校军衔。

杨利伟1996年起参加航天员选拔，1998年1月正式成为我国首批航天员。经过5年多训练，他以优秀的成绩完成了基础理论、专业技术等8大类几十个科目的训练任务，并最终从众多候选者中脱颖而出，成为我国首位登上太空的宇航员。

面对如振动、冲击、噪声、失重、超重、宇宙辐射、高真空、昼夜节律变化、剧烈的温度变化等恶劣的太空环境，杨利伟要承受的超负荷心理、工作压力可想而知。这些环境因素会导致心血管系统功能紊乱、骨骼与肌肉结构和功能变化、睡眠周期紊乱、航天运动病、情感抑郁等一系列生物医学和心理方面的问题。

此外，杨利伟更需面对一旦发射失败可能会失去生命的危险。

但是，载负着中华民族千年的飞天梦想，这位中国人的首位太空使者，还是凭借自身超人的素质和勇气，最终出色地完成了神圣的使命。

（中央电视台 2003 年度“感动中国十大人物”）

例稿3.5.2

袁隆平：远离饥饿

解说：一项惠泽世界人民的发明，一位赢得全世界尊重的农学家，历经坎坷时，他矢志不渝；功成名就时，他依然奋斗不止。

字幕：袁隆平 中国工程院院士 著名杂交水稻专家 国家科学技术奖获得者 74 岁

解说：2004 年，以色列沃夫奖、泰国金镰刀奖、世界粮食奖先后授予了中国著名的杂交水稻专家袁隆平。沃夫奖被称为以色列的诺贝尔奖，而世界粮食奖更是农业领域国际上的最高荣誉。

这位久负盛名的“杂交水稻之父”这样评价自己的贡献。

袁隆平：我认为我是做了一点工作，很难说有什么成功呢。我搞杂交稻这么一个事业，我带头搞起来，现在呢，全世界都承认了。这个杂交稻呢，是水稻的一次革命，开创了水稻育种的一个新的途径。

解说：有人曾经风趣地说，中国农民吃饭靠“两平”，一是靠邓小平的责任制，二是靠袁隆平的杂交水稻。今天中国水稻种植面积中，约有一半是采用袁隆平培育的杂交产品，每年生产的稻谷可以多养活 6 000 多万人。2004 年，袁隆平领导的超级杂交稻项目不断取得重大突破，在育种方面提前一年实现了大面积亩产超过 800 公斤的目标，这意味着每年又可以多养活 7 500 万人。

袁隆平：我们现在 13 亿人口，人均大概一亩三分地，到了 2030 年要达到 16 亿，人均就是一亩地的样子。我们要修高速公路、修铁路、修机场，城市要扩大，耕地在缩小，还要退耕还林，还要退田还湖，每年的耕地几百万亩在减，人口每年 1 000 多万在增，这个非常严峻。中国人能不能养活自己？耕地再减少一两千万就不够了，所以说我们始终把产量放在第一位，努力提高单产。

我有点雄心壮志，要改造。看到农民这么苦，我们应该有这个义务，有这个责任要帮助发展农业，帮助农民如何提高产量，改善他们的生活。

解说：为了这个目标，为了当年许下的诺言，现在74岁的袁隆平依然要经常穿上水田靴，骑上摩托车到水稻田里看一看。这位总是两腿沾满了泥点子的科学家，就像一位普通的农民一样，忙碌在田间地头。而研究水稻的这几十年，他就是这么过来的。从1979年至今，由于常年的奔波，他已经骑坏了八九部车。

袁隆平：我们没有上班下班制，因为我的工作主要是在试验田。大风大雨都要去，看它倒伏不倒伏，看哪些品种能够经得起几级风，真要去看的哩！

搞科学研究，我想首先一个不要怕失败，你要怕失败，你就不要去搞研究。第二个搞科研呢，你就不要怕辛苦，书本上是种不出小麦，种不出水稻来的。

解说：袁隆平经常这样教育他的学生。他在研究水稻的过程中并不是一帆风顺的。1965年10月，当袁隆平写出杂交水稻的第一篇论文的时候，由于论文和当时的经典学说相背离，学术界并不认同，有人甚至嘲讽他异想天开。但袁隆平并没有放弃，经过多年的努力，他推翻了当时国际上关于水稻没有杂交优势的普遍观念，推出了一代又一代的杂交水稻，被誉为“中华民族奉献给人类的第五大发明”。

袁隆平：总结我的科学研究，可以用八个字概括一下、知识、汗水、灵感和机遇。我在科学上，那我绝对是要一往直前的。我不怕失败，不怕难，这里面我觉得我还有老骥伏枥的壮志。

解说：因为袁隆平的杰出贡献，多年来他获得了很多荣誉，几乎成了“得奖专业户”。1981年，袁隆平获得中国第一个国家特等发明奖。2001年，他又获得了国家科学技术奖，在国际上11次捧回大奖。1998年一项无形资产评估中，“袁隆平”三个字的品牌价值被估价超过1 000亿元。然而，荣誉和财富的不约而至并没有改变袁隆平科学家的本色。

袁隆平：我感到最愉快的事是出新成果，这个成果给不给我荣誉是另外一回事，无所谓。我不停留在原有成绩的基础上。

解说：袁隆平用得来的奖金设立了袁隆平农业科技奖励基金会。2004年，他把刚刚得来的12.5万美元的世界粮食奖奖金也全部捐给了基金会。联合国粮农组织聘请袁隆平担任首席顾问，并把全球范围内推广杂交稻技术作为一项战略计划。现在，已有20多个国家引种杂交稻。国际上这样评论袁隆平和他的杂交水稻：中国杂交水稻是在脱离了西方这个所谓农业科学源头的情况下，自己创造出来的一项成果，而袁隆平给中国解决贫困与饥饿，赢得了宝贵的时间。他增产的粮食实质上降低了人口增长率。他在农业科学上的成就击败了饥饿的威胁。他正引导我们走向一个丰衣足食的世界。

袁隆平：我这个人水平不高，但是我有种认识，就是要不断地创新。科学研究最基本的特色，就是要创新，要不断地创新，不断向新的领域、新的高峰攀登，这才是科学研究的本色。

（中央电视台2004年度“感动中国十大人物”）

例稿3.5.3

致敬老兵

刚刚结束的中国人民抗日战争暨世界反法西斯战争胜利70周年纪念活动中，在举世瞩目的胜利日大阅兵中，有这样一支队伍特别引人瞩目，他们得到了最多的敬礼，收获了最多的感动。他们就是亲身经历过抗战的老兵。

这些抗战老兵平均年龄达到了90岁。虽然年岁已高，但依然军容整齐、铁骨铮铮。阅兵中的抗战老兵陈廷儒已有102岁高龄，是老兵中年龄最长的一位。陈廷儒老人早年从师范毕业后担任一所小学校长，1939年初春，战火烧到了家乡，他投笔从戎，加入了新四军领导下的抗日游击队。

阅兵中敬礼的老兵给人留下了非常深刻的印象。他名叫张玉华，右手曾在抗战中被子弹打穿。张玉华老人说："中国主办的是国际的纪念，所以对我们反法西斯国家的人民啊，是极大的鼓舞。"

中国是最早投入反法西斯战争的国家之一。八年抗战，中国军民死伤3 500万人，很多还是少年的中国士兵，开始在一场接一场的抗日战役中出生入死，经历战争的惨烈与残酷。

1938年，日军海军陆战队在山东烟台登陆。几天内，胶东大片国土沦陷。那时只有22岁的张玉华，担任山东抗日救国军第三军一大队一中队指导员。抗日战争中，张玉华三次身负重伤，被战友从死人堆里背出来，一次次死里逃生，一颗子弹至今还留在老人的体内。

抗战老兵孙庭江，今年已经101岁高龄，在敌人对山东临沂实行封锁、残酷扫荡时参加了八路军。"最后一块布，做军装；最后一口饭，做军粮；最后一个儿子，送战场。"这就是当时沂蒙老区百姓为支援抗战作出牺牲的真实写照。

孙庭江说："最后她（妻子）想通了吧，我说你是好样的。家里父母你照管，今天我就把军参，打死了鬼子咱俩再团圆。"什么时候能和家人团圆，孙庭江并不知道。不久他就遇到了一场硬战。这次战斗歼灭城内守敌300多人，孙庭江因炸碉堡立战功一次。

能来到北京参加纪念活动的抗战老兵只是少数，战争给老兵们留下一辈子的伤病甚至残疾，抗战结束以后，很多在战争中存活下来的军人回到了老家。

1937年9月投身抗战时，吕钊曾用钢针在自己的手腕刺上了"抗战到底"四个字，来表达决心。在战场上，她的战友大都牺牲了，她幸运地活了下来，却留下了严重的腿伤。吕钊表示："国家现在的生活，现在的和平来之不易，不能忘了过去。"

天地英雄气，千秋尚凛然。抗战老兵浴血沙场、舍生忘死，捍卫了中华民族的独立和自由，也留下了激励后世子孙不断前行的宝贵财富。我们为老兵的壮举所感动，更要拿出传承老兵精神的行动，让“感天动地民族曲、荡气回肠英雄歌”，世世代代唱响在中华大地。

（2015 年 9 月 8 日中央电视台《焦点访谈》）

例稿3.5.4

屠呦呦：这是献给世界的礼物

昨天，诺贝尔生理学或医学奖评委会宣布，将 2015 年诺贝尔生理学或医学奖的一半授予中国药学家屠呦呦。这一评选结果，同时创造了两项历史：这是中国科学家因为在中国本土进行的科学研究而首次获奖，这也是诺贝尔医学奖首次颁给寄生虫疾病治疗领域的科学家。这位同时书写了两项纪录的中国科学家，都有哪些故事？

2015 年 10 月 5 日，瑞典诺贝尔委员会举办新闻发布会宣布，2015 年诺贝尔生理学或医学奖授予中国女药学家屠呦呦以及另外两名科学家威廉•坎贝尔和大村智，表彰他们在寄生虫疾病治疗研究方面取得的成就。诺贝尔生理学或医学奖授予“在生理学或医学界作出卓越发现者”，这次获奖的屠呦呦的突出贡献是：创制新型抗疟疾药——青蒿素。

诺贝尔委员会评委表示：“众所周知，早在 1 700 年前，这种（含有青蒿素的）草药对治疗发热具有疗效，但是屠呦呦发现并进一步阐明（含有青蒿素的），草药或者其中的部分成分是具有生物活性的，这在医学领域里是一个巨大的转变，也使得（青蒿素）可以大规模生产和应用。”

这是中国大陆科学家首次获得诺贝尔奖并得到如此高的评价，而屠呦呦本人事前也没有得到任何消息。

作为新中国历史上第一个获得诺贝尔奖的女科学家，屠呦呦这个名字尽管很多人还比较陌生，但是在业内，这个名字 4 年前就已经广为人知。2011 年，美国拉斯克奖将临床研究奖授予中国中医科学院终身研究员屠呦呦，将青蒿素列为“20 世纪后半叶最伟大的医药学创举”，以表彰她“发现了青蒿素——一种治疗疟疾的药物，在全球特别是发展中国家挽救了数百万人的生命”。

屠呦呦说这是集体的功劳，因为她创制新型抗疟疾药青蒿素，是参加了国家的一项重大科研项目。疟疾给人类带来了巨大灾难，是世界性传染病，每年感染数亿人，并导致几百万人死亡。自古以来，死于疟疾的人口远远超过死于战争的人口，为征服疟疾，各国科学家都在做艰苦的努力，但一直没有攻克。1967 年，中国政府集中全国科技力量联合研发抗疟新药，启动了来自 60 多个研究机构和单位的 500 多名研究人员参与的“523 项目”，中国中医研究院是参与单位之一。1969 年 1 月，作为中医研究院中药研究所助理研究员的屠呦呦，被任命为该研究所参与这项任务的小组组长，时年39岁。

在拉斯克奖评审委员会的描述里，屠呦呦是一个靠“洞察力、视野和顽强的信念”发现了青蒿素的中国女科学家。的确，“523项目”的一个重大的成就就是发现了青蒿素。研究初期，屠呦呦从一些疟疾单秘验方集中筛选了一些药物，主要集中于胡椒，因效果不够好而放弃。之后小组继续提取了120余种中药，都未获满意结果。重新梳理思路后，屠呦呦把重点放在了青蒿上。

古文献中青蒿要用水泡了以后，把汁挤出来服用，但青蒿素用水提取的话，活性低溶解性差。如何将其中的有效成分提取出来，成了最关键的一步。

提取青蒿素其实很多单位也都试验过多次，但都没有成功。当时在科研条件极为艰苦的环境下，屠呦呦团队面临许多难以想象的困难。

屠呦呦的同事，中国中医科学院中药研究所研究员姜廷良说：“以醚药来提取青蒿，青蒿素在青蒿里面的含量不是很高，在千分之一，就需要很大体积的容器去浸泡，这么大的容器我们没有，就买了社会上大家家里面用的大缸子去提，当时买了六七个，从这一点就可以知道当时条件差到什么程度。”

科研条件差不仅影响到实验，还危害到屠呦呦等科研人员自身的健康。乙醚容易使人中毒，屠呦呦就因中毒而肝脏受损。

改用沸点比乙醇低的乙醚提取青蒿历经艰难，经过190多次失败后，1971年10月4日，屠呦呦小组成功得到了青蒿中性提取物“191号样品”，这种样品对鼠疟、猴疟疟原虫的抑制率为100%。1972年11月8日，她和她的同事们获得了抗疟有效单体的提纯物质——一种白色针晶，并将之命名为青蒿素。用乙醚在低温下提取青蒿素，既保持了活性，又极大提高了纯度，技术意义非常大。

姜廷良认为：“她不突破头上这部分，就没有后面的整个工作。”

1972年3月，“523”办公室在南京召开中草药专业组会议，屠呦呦作为中医研究院中药研究所的代表，报告了青蒿对鼠疟原虫近期抑制率可达100%的实验结果，引起全体与会者的关注。参与“523”项目的云南省药物研究所和山东省中医药研究所的工作人员开始着手利用当地的植物资源，分别开展分离有效单体的研究。山东省中医药研究所获取的结晶因抗疟有效命名为“黄蒿素”。而在1973年4月，云南省药物研究所也分离得到抗疟疾有效单体，命名为“黄蒿素”。此后，云南省药物研究所提供的黄蒿素在临床验证中显示对恶性疟疾有极佳的疗效。从药材筛选、有效成分提炼、临床实验、结晶获取、结构分析、人工合成直至新药研发，青蒿素的发现发明过程犹如众多科研人员环环相扣的接力赛，每一棒都功不可没，这也是所有参与“523”项目的科研工作者的荣誉。

“523”项目持续了13年，聚集了全国60多个科研单位，参加项目的常规工作人员有五六百人，加上中途轮换的，参与者总计有两三千人之多。可以说，在数十个单位数百余位研究人员和管理人员的共同努力下，青蒿素在较短的时间内开发成为一个与以往抗疟药化学结构完全不同的抗疟新药，后来又在多个单位的研究人员共同努力下开发成功大量有效的一线抗疟药，在全球范围内挽救了数百万疟疾患者的生命，这是我国科研团队在当年科研设施落后、资金匮乏的条件下创造出的对世界医学的一项重大贡献。

1986 年，青蒿素正式获得新药证书。2004 年 5 月，世卫组织正式将青蒿素复方药物列为治疗疟疾的首选药物，从此青蒿素作为“中国神药”在世界各地显示奇效。过去 10 年，全球死于疟疾的人数下降了 38%，全球 43 个国家、其中包括 11 个非洲国家，疟疾发病率和疟疾死亡率都下降 50% 以上。

世界卫生组织对中国科学家屠呦呦因为发现青蒿素而获得诺贝尔奖也表示了祝贺。在 5 日当天发布的一份书面声明中，世卫组织表示，这是对中国科学界在防治疟疾方面作出重大贡献的致敬。在过去的 15 年里，青蒿素复方药物已经成为治疗疟疾的主要药物，在复方疗法中，青蒿素复方药物可以降低产生抗药性的风险。所有需要治疗恶性疟疾的国家都已将该复方疗法作为一线治疗方法，并低价提供这些药物。从 2000 年以来，全球疟疾病人已接受超过 10 亿次以青蒿素药物为基础的疗程。

“523”项目是由中国科学家群体集体完成的，屠呦呦研究员自己也说，这个奖属于科研团队中的每一个人，属于中国科学家群体。他们为全球疟疾患者带来了希望，他们为中国科学家赢得了荣誉。他们的事迹，将激励更多的中国科学家不断攀登世界科学高峰，为人类文明和人民福祉作出更多、更大的贡献。

（2015 年 10 月 6 日中央电视台《焦点访谈》）

2. 事件通讯

例稿3.5.5

沉下去才能立起来

习近平总书记在 2014 年的文艺工作座谈会上，对全国文艺工作者提出了“深入生活、扎根人民”的要求。两年来，文艺工作者牢记习总书记的嘱托，坚持“以人民为中心”的创作导向，“文艺为人民服务”正在成为文艺工作者更加自觉的实践。促进文艺工作者走进生活、走近人民的氛围也更加浓厚，制度也更加完备，文艺战线出现了许多可喜的变化。

2014 年 10 月 15 日，文艺工作座谈会在人民大会堂召开，向全国文艺工作者发出号召，“坚持以人民为中心的创作导向，创作更多无愧于时代的优秀作品”。这让与会的文艺工作者倍感振奋、备受鼓舞。

2014 年 11 月，中宣部、文化部等部门联合印发通知，决定在全国文艺战线广泛开展“深入生活、扎根人民”主题实践活动。2015 年 10 月，中共中央关于繁荣发展社会主义文艺的意见出台，全面部署细化落实文艺工作座谈会讲话精神，为文艺发展绘制了清晰的路线图，提供了有力的政策与制度保障，将文艺发展上升到国家战略的高度。

两年来，在文艺工作座谈会精神的指引下，文艺领域发生了许多新变化，创作生态出现了可喜的新面貌。今年热播的电视剧《彭德怀元帅》成功塑造了主人公对党忠诚、勇于担当的高尚人格，砥砺奋进的精神品质，彰显了信仰之美。这部剧作不仅是写出来的，更是走出来的。在写作之初，该剧编剧马继红就决定按照彭德怀的成长轨迹去寻找彭德怀。马继红沿着彭德怀的足迹走过平江、走过井冈山、走过太行山，探访当地的老乡，采集了很多接地气的鲜活故事。

电视剧《彭德怀元帅》剧本几易其稿，字数累计达 100 万字，首播当日就获得全国上星频道电视剧收视率第一的好成绩。

文艺创作方法有一百条、一千条，但最根本、最关键、最牢靠的办法是扎根人民，扎根生活。艺术家们在深入生活，为人民服务的同时，也为自己找到了艺术创作的灵感源泉，沪剧《挑山女人》就是典型的代表。

挑山女人的原形叫汪美红，丈夫意外去世后，为了抚养三个孩子，她做起了挑山工。17 年来，她往返 9 000 多次，上山下山，行走 20 多万公里山路，挑断 70 多根扁担，把儿女抚养成人。

为了创作这部剧，创作团队两度深入齐云山采风，与汪美红共同挑山，同吃同住，完成创作。《挑山女人》首演以来，已演出 200 余场，从上海到周边省份，再到进京演出，曾在一年之内两度登上国家大剧院的舞台，荣获了第 15 届文华表演奖等多个大奖，得到了业界和观众的一致认可。

两年来，电视荧屏上精品节目不断涌现。春晚的创作团队在传统文化中汲取营养，又加入了现代的元素。2016 年，来自民间的华阴老腔走上了春晚的舞台，深受观众喜爱。

华阴老腔是和皮影一起表演的戏种，2006 年，华阴老腔皮影戏入选我国第一批国家级非物质文化遗产名录。一次偶然的演出，隐藏在皮影戏幕后的说唱艺人们走到了台前进行表演，老人们不加修饰、自由豪迈的演唱方式，引起了人们的关注。春晚创作团队在这一传统艺术形式中又加入了现代的元素。

近两年来，很多影视作品的创作者坚持深入生活、扎根人民的做法，推出了一批有筋骨、有道德、有温度的作品，如电视剧《平凡的世界》等，深受观众的喜爱。不仅如此，很多文艺工作者在向生活汲取创作源泉时，也在坚持为基层百姓服务。

今年夏天，在北京松堂关怀医院，关牧村正在为老人们送上欢乐的歌声。从业余爱好者到成长成为著名的歌唱家，30 多年来，关牧村每年都要到基层参加数十次各类工艺演出，深入灾区、边疆、乡村、军营、校园。

据统计，2015 年一年，中国文联及各艺术家协会深入基层，组织各类主题活动

100 多场，参与活动文艺工作者 1 000 多位，足迹遍布全国 17 个省市、66 个基层活动点，地方各级文联和志愿者协会开展主题实践活动 2 000 多场次，参与文艺工作者近 7 万人，直接受益群众 300 多万人。

文艺工作座谈会上提出了，要向世界宣传推介我国优秀文化艺术，让国外民众在审美过程中感受魅力，加深对中国文化的认识和理解，中国的艺术家做到了。曹文轩，2016 年国际安徒生奖的获得者，也是中国作家第一次获此殊荣。国际安徒生奖由国际少年儿童读物联盟于 1956 年设立，以童话大师安徒生的名字命名，每两年评选一次，被誉为儿童文学的诺贝尔文学奖，旨在奖励世界范围内的优秀儿童文学作家和插画家。

文艺工作座谈会两年以来，广大文艺工作者以实际行动进行回应，正努力交出令时代和人民满意的答卷。电视连续剧《海棠依旧》、纪录片《记住乡愁》、长篇小说《火印》、戏剧《西安事变》、电影《西游记之大圣归来》、《湄公河行动》，电视节目《中国汉字听写大会》、《中国成语大会》、《中国诗词大会》等，文艺精品层出不穷。

习总书记在文艺座谈会上的讲话，对文艺工作和文艺工作者寄予了厚望，但同时也指出了文艺创作中存在的有数量缺质量、有高原缺高峰等现象。两年来，全国文艺界以讲话精神为指针，迸发创作活力不断推出精品，有利于文艺创作繁荣的良好环境也正在形成。回顾两年来的成果和变化，广大文艺工作者更有信心，深入学习贯彻习近平总书记重要讲话精神，以更大的努力继续推动文艺创作从高原走向高峰。

（2016 年 11 月 1 日中央电视台《焦点访谈》）

例稿3.5.6

莫名其妙钱没了

存在银行卡上的钱，说没就没了，这事听起来多可怕！最近，分布在十几个省份的近 200 位储户，就遇到这样奇怪的事。虽然他们损失的钱数并不多，但这事的性质很严重。他们想知道：这钱是怎么没的？他们更想知道：这钱，还能不能回来？

王先生家住江苏省苏州市，今年 7 月 31 日中午 12 点半，他的手机突然收到建设银行客服 95533 的一条短信，短信提示他被扣了消费支出款人民币 20 元。又过了一天，8 月 1 日凌晨，王先生又一次接到建设银行客服 95533 的短信，提示他又被扣了消费支出款人民币 20 元。短信显示扣款的时间在凌晨 4 点 40 分，此时王先生正在熟睡中，他知道自己不可能有消费。于是，他马上联系了建设银行的客服人员。第二天，王先生到银行把卡注销掉了，办了一张新卡。

本以为重新开户，更换了银行账号，就万事大吉了，可让王先生感到意外的是，到了 8 月 5 日，他的建设银行新账号又被扣了款，还是消费支出了人民币 20 元。从 7 月

31 日到 8 月 5 日 6 天时间，王先生分三次被建设银行扣了消费支出款总共 60 元。

王先生上网查看,发现受害者不止他一例,大家都很想解决这个问题,但都束手无策，于是他建了一个群。8 月 3 日，这个扣款讨论群建起来了，很快就聚集了 180 多位网友，他们都是建设银行的储户，都和王先生有着相似的被建设银行莫名扣款的经历。

初步统计，这些被建设银行扣款的储户分布在江苏、浙江、广东、广西、湖南、湖北、四川、陕西、山东、安徽、天津、辽宁、黑龙江等地，他们被扣金额都是最高 20 元，少则 10 元，而且扣款时间大多都是每天后半夜人们熟睡的时间。储户纷纷给建设银行客服 95533 打电话询问被扣款的事儿。建行客服人员表示，不能查到交易号和流水号，只能先做个记录。

在拨打建设银行客服电话，没有得到满意回复后，还有些储户来到当地开户的建设银行营业厅，查询自己账户扣款的情况，却也找不到答案。

那么，这 20 元到底被谁扣走了呢？几经查询，王先生等储户得知，扣款的原来都是一家公司——上海瀚银信息技术有限公司。查看瀚银公司官网，这家公司成立于 2006 年，主要业务是从事互联网金融第三方支付。

在与上海瀚银公司的沟通中，储户们被告知他们被扣的 20 元或者 10 元人民币都被瀚银公司用于购买腾讯 Q 币了。所谓 Q 币，是由腾讯公司推出的一种虚拟货币，1Q 币 =1 元人民币，可以通过电话充值、银行卡充值等方式获得。使用 Q 币可以在 QQ 商城给自己或朋友购买各种虚拟商品，比如服饰、场景、化妆等；在 QQ 游戏中，使用 Q 币不仅可以兑换游戏币，还可以购买游戏中的各种特权。Q 币能折价转让给别人，也能私下交易变现。那么，这些被扣款的储户，是否真的从瀚银公司购买过 Q 币呢？

储户说他们并没有充值 Q 币，但是，却被扣了充 Q 币的款。查看中国建设银行官方网站，可以看到，Q 币充值这项业务，非签约的每个账户单笔及单日充值金额上限为 20 元，月累计上限为 50 元，这又与储户被盗扣款的情况相吻合，储户被盗扣款大多每天每次都是 20 元，每月大多也是 50 元，分 20 元、20 元、10 元三次被盗扣。既然大家都没有买过 Q 币，怎么会被瀚银公司扣了充 Q 币的款呢？记者以储户的身份前往上海，找到了瀚银公司。接待记者的是公司一位负责风险控制的工作人员。

这位工作人员告诉记者："建行就接了我们卖 Q 币，我们是它（建行）的供货商，就相当于它（建行）开了一个超市，超市上可能卖农夫山泉或者乐事薯片，我们是做乐事薯片或者做农夫山泉，他们是从我们这里进货，放在它（建行）货架上，比如说它（建行）给我们下了一个定单，说钱确认支付成功了，我们就往这里充 20 个 Q 币，这个交易和验证过程完全在建行，不在我们这里。"

储户说他们并没有通过建设银行和瀚银公司购买 Q 币，那么，他们的钱怎么会被扣走呢？这位工作人员分析，像王先生这样被盗扣款的储户，最大的可能是账号被盗，而密码设置又相对简单，因此发生了这样的情况。这种分析似乎从王先生被扣款的情况中得到了印证。王先生以前曾经用自己的出生年月日做建行电话银行密码，在被盗扣2次，重新开户，更换了账号之后，他仍然用自己出生年月日做密码，结果导致了第3次被盗扣。但是，其他储户被扣款的情况却不都是这样。由此可见，款被盗扣的原因还有其他可能。比如因某种原因泄露了账户和密码。这位工作人员说："对交易人验证全部是在建行。我这里真的解答不了，必须是建行人去回答你。"

被盗扣款的事情接连发生，这让这些储户们深感恐惧，这次是20元，下次有没有可能会更高？这次是扣Q币款，下次有没有可能又被盗扣其他款项？这些来自全国各地的案例，是同一伙人干的，还是来自不同群体的人干的呢？

建设银行客服人员给储户的建议，要么销户，让储户重新开户，要么去找瀚银公司；而瀚银公司认为他们只是按着建行指令扣款充Q币，并没有责任；建行和瀚银两家客服都让储户报警。有些储户也的确去了当地公安派出所报警。

公安机关虽然可以接警，但是单个报案人受害金额少则几十元，多则上百元，就单体案件来说，不符合立案条件，因此，公安机关也无法立案调查。于是，就出现了这样一个尴尬局面：储户依然被莫名其妙地扣款，而这个问题似乎谁都解决不了。那么，这样的问题是不是真的就无法避免呢？采访中，瀚银公司工作人员告诉记者，目前，很多银行业务都实行了扣款前，通过验证码验证后再扣款的做法，这就能够做到得到储户本人确认后再扣款，而像王先生这样的储户存款被盗扣的原因是建行某些业务验证环节存在漏洞。

一方面，如果银行能够把篱笆扎紧，增加验证环节，为储户提供更好的服务，像这样的事情就有可能避免发生，同时，还有一个防范的措施，就是储户千万不要把自己的银行密码设置得过于简单。

在被盗扣款的群里，记者了解到，有些储户也和王先生一样，修改了电话银行密码，此后就没有再遇到被盗扣款的情况。

但是，群里也有储户反映，他们虽然重新开户，也更改了密码，但是款还是被盗扣了，由此看来，盗扣手段不尽相同，情况复杂，其中的原因只能由职能部门介入调查了。

使用金融工具，保护好账户、密码，这是储户的首要责任，这是维护自身权益和金融秩序的共同需要，储户不能把这个义务全部推给社会；但另一方面，相关机构掌握更多资源、拥有更大力量，也应该为保护群众的合法权益，提供更多的支持和保障，不能因为用户的行为有瑕疵，就坐视他的利益受损，就忘记自己该负的责任。说到底，要想消除隐患、避免再错，大家就要共同努力堵住漏洞，而不能只盯着别人的毛病、不检讨自己的问题。

（2015年12月3日中央电视台《焦点访谈》）

例稿3.5.7

天津港“8·12”特别重大火灾爆炸事故追踪

今天继续关注天津港“8·12”特别重大火灾爆炸事故。发生事故的瑞海公司仓库内存放着大量危险化学品。事发时不同成分的化学品混杂，数量种类不清，给救援带来很大困难。这些化学危险品现场处理的进展如何，这是大家都很关注的。今天，《焦点访谈》记者跟随消防人员再次进入了事故核心区。

今天上午10点钟，经过批准，我们的记者跟随消防化工专家进入爆炸核心区域进行勘查。进入现场之后，专家发现地上有很多白色的物质。专家估计这些散落一地的白色物品可能是氰化物，随即联系了厂家。20分钟之后，厂家的代表赶了过来。专家确定这就是氰化钠，将自己的处理意见告诉了厂家。

要求厂家立即处理好氰化钠之后，记者跟随专家继续往里勘查。在爆炸现场，情况复杂。一路上，出现了零星的几处火点，但是针对这些不同的火点，处理方式差异很大。据专家介绍，有的火要用干粉灭，有的要用水灭，有的要用沙土灭，而有的要用泡沫灭，稍有不慎，就会发生爆炸。

记者跟随专家继续在爆炸现场勘查时，突然发现了一处黑色的地块。专家推断，这里面含有很强的还原剂，遇水很有可能会发生爆炸。专家要求做了妥善安置。

在爆炸现场，所有的办公电脑和文件都已经被摧毁了。当时货物如何堆放，从哪里开始爆炸，从现场已经很难确定。但是经过一圈勘测，专家给出了自己的判断和建议：“这个火灾，是非常典型的化学危险品的火灾，爆炸是一个最大的因素，火灾并不大，但是它的处置非常麻烦。不能急于要求部队两个小时三个小时就灭火，要根据实际情况处置，这个火是灭还是不灭，还是看着它烧，烧到什么程度灭合适。”

那么，这些有毒有害的化学品爆炸，是否会给空气、环境和水带来影响呢？事故发生后，环保部应急组专家紧急赶赴天津，开展环境应急工作。天津环保部门除了监测一定范围内的PM10、PM2.5、二氧化硫等常规污染物外，还对苯、甲苯、二甲苯、三氯甲烷、环氧乙烷等进行了监测，其中甲苯、三氯甲烷、环氧乙烷三种物质已有检出。根据当地政府通报，目前在事故区域仅有两个废水排放口，一个是污水处理厂的污水口，另一个是入海排污口。8月13日，抢险人员已将两个排放口全部封堵。

目前，污水处理厂正在采取进一步的处理措施。同时，昨天北京军区的214名官兵组成的国家级核生化应急救援队也赶到现场，对爆炸核心区域56个样本点的空气进行了取样检测，检测结果正常。今天，中国核生化应急救援队再次进入事故现场，对空气和土壤进行采样检测，结果正在进一步检测中。

爆炸的核心区域，位于距离天津市区40公里左右的天津市滨海新区，发生爆炸的地点是天津港务集团瑞海物流有限公司的堆垛。爆炸发生的火球引发二次爆炸，堆积如山的集装箱被炸得歪歪斜斜，车辆被炸得只剩下框架，消防设施四处散落。

爆炸发生时，很多消防官兵正在现场救援。其中包括滨海新区塘沽支队汉沽大队指导员赵国柱。他告诉记者："我们接到报警的时候说是化工单位，因为涉及化工火灾都很复杂，有不确定因素，所以我们消防官兵到场以后首先要进行的是火场侦查，火场侦查明白的情况下我们才能采取下一步灭火措施，不是说来了以后盲目采取射水什么的。"

28岁的刘晓静，当时正在距离着火点50米的地方负责疏散群众，爆炸威力巨大，她腰部受伤；31岁的李广清当时站在消防车旁边，控制水阀，巨大的爆炸冲击波直接将他震晕，导致肩胛骨骨折。爆炸造成多名消防战士伤亡，数人失联。记者了解到，目前，仍有10人下落不明，正在采访时，又发现一具遗体。

今天上午，19岁的消防战士周倜被救出，随即被送往医院。其主要症状是胸部纵膈气肿，腿部头部也有外伤，目前周倜神智清醒，生命体征平稳。

爆炸导致多个着火点，过火面积达到2万平方米。消防部门投入近两百辆消防车，1 000名消防队员，全力搜救被困人员及失联的消防官兵，但是，事故处置却面临着三大难点。

消防部门表示："一个是爆炸现场内部起火材料堆积，各种不同成分的材料混杂，可能发生化学反应，随时可能发生爆燃或者爆炸，在处置过程中现场危化品多次发生轻微的爆燃，给官兵生命构成了威胁；二是现场集装箱堆积，箱体大、重量大，特别是爆炸发生后，集装箱变形散落，清理灭火救人的难度大，阻碍了进度；三是爆炸波及的范围广，在很大范围内大量碎片散落，房屋倒塌变形，整个事故现场面积大。"

针对当前的难点，消防人员成立四个灭火组，调集大型铲车、挖掘机开辟三条救援通道，采取多种方式进行明火扑灭、严防次生灾害，同时扩大警戒范围疏散无关人员。今天中午12点左右，火势总体得到基本控制。

爆炸品成分复杂，构成救援最大的难度。那么，到底引发爆炸的是何种物质呢？据天津市安监局介绍，事故企业天津瑞海国际物流有限公司成立于2012年11月，经营除存储、集装箱外，还有中转运输业务。由于业务发展的需要，这个公司后来又租用天津港集装箱物流中心区域的堆场，在原有设施的基础上进行改造，把物流堆场改造成一个危险化学品的集装箱堆场，实际也是一个危险化学品的周转仓库。那么，这个仓库里究竟存着什么的？

天津市安监局副局长高怀友介绍："从瑞海公司取得经营许可的范围来看，它可存储的危险品种类是比较多的，有易燃气体、易燃液体、易燃固体、氧化剂、腐蚀类以及其他有毒有害危险化学品，比如说硝酸钾、硝酸钠、硝酸铵、钨酸钠、氰化钠等。”但是，就引发爆炸的仓库里，到底当时存储着什么东西，相关部门并没有得出确切的结论。

截止到今天上午10点，天津各医院已经收治伤员701人，其中重症伤员70人。国家卫生计生委也从北京、河北等地调集专家和医疗资源驰援天津。

目前，京津冀协同救援昨已启动，并且将随时根据需要，集中全国医疗力量，支援天津。如果有需要，也有可能把一些适合转运的伤员转运到北京、河北相关医院救治。

除了安置伤员，对事故附近的3个居民小区，天津市政府也实施了疏散安置。

国务院安委会14日发出紧急通知，决定立即在全国范围内深入开展危化品和易燃易爆物品专项整治，发现安全隐患，必须立即整改。通知中说，这起事故教训极其深刻，暴露出了一系列突出问题：一些地方、部门和单位安全红线意识淡薄，安全生产主体责任不落实、安全法规标准执行不力，安全管理存在漏洞，危化品事故应急处置不到位，监督管理不严格，等等。危化品的安全管理，来不得半点马虎；安全法规标准的执行，由不得半点任性，安全生产的监督管理，更容不得半点侥幸，不然，等待我们的将是难以承受的代价。

（2015年8月14日中央电视台《焦点访谈》）

例稿3.5.8

管好舌尖不浪费

节约是中国的传统美德，朱子家训中就写到：一粥一饭当思来之不易，半丝半缕恒念物力维艰。虽然节约粮食、杜绝舌尖上的食物浪费是一个老生常谈的话题，但这又是一个不得不谈的话题。

古人云：民以食为天。随着物质条件的丰富，我们不但解决了吃得饱的需求，还发明了各种菜系来解决吃得好的要求。但是如果舌尖上的美食吃不了，往往就变成了舌尖上的浪费。

盘子光了、面子没了、排场小了、情谊淡了，这是很多食客多点菜、不打包的共同心理。于是这些舌尖上的美食就变成了舌尖上的浪费，被倒进泔水桶里。那么在一些学生就餐的公共餐厅，浪费情况又会怎么样呢？现在您看到的是一所大学，画面拍摄时正好是午餐时间。食堂的工作人员正忙碌地给学生们盛午餐，但是另一边同样忙碌的是收餐的工作人员。

这所学校一共有5个餐厅，每个餐厅有两个收餐点，每个收餐点每顿饭能收两桶100斤的泔水，这样算下来，一顿饭这所学校就能产生1 000斤的泔水。这还不算学生在学校之外就餐和打包回寝室所餐剩下的饭菜。这样浪费的情况让收餐服务人员格外心疼。一位收餐服务员说："心里想真的浪费，有的时候饭拿好了不好吃就不吃，我们是农村的种这个大米的，觉得这个挺浪费的。"

这样的浪费情况不仅出现在大学里，还出现在很多中小学校里，而中小学生的浪费量甚至比大学生的食物浪费量还要高。某配餐公司的照片显示，收回的一些中小学生所浪费的食物，被一车车地拉走处理掉。

中国科学院地理科学与资源研究所的科研人员根据2014年的调查结果估算，他们调查的特大城市中小学生每学年浪费食物数量就有7 780吨，价值约1.6亿元。而生产这么多被浪费的食物需要占用27 648.59公顷的耕地面积，约占北京市总耕地面积的1/10。同时生产这些被浪费的食物要消耗水资源是1 160万立方米。而同样是2014年，北京水资源公报显示北京人年均占有量只有94立方米，生产这些被浪费的食物的用水足够12万人一年使用。

中国科学院地理科学与资源研究所研究员成升魁说："我们国家的资源这么少，人均耕地、人均水资源相当于世界的三分之一、十分之一。我们的人口还在增长，消费城市化、工业化还在不断增长。这种情况下这种浪费的行为，肯定跟我们国家今后的持续发展资源环境不相符合。"

以水稻为例。据农业部食物营养研究所测算，每生产1吨水稻，就需要2 000吨淡水和将近2亩的耕地，同时还要投入相当数量的化肥和人工劳动，等等。如果生产出的这些食物没被吃掉，而是被浪费掉，那么浪费的不仅仅是这些食物，还有背后生产它所需要的资源。不仅如此，浪费的食物对环境造成的污染也是不容忽视的。成升魁指出，餐桌上每浪费1公斤的粮食，相当于向大气中排放了5公斤碳。

而同样是学校，记者和中科院的科研人员在另一所学校调查时看到了这样的一幕：学生们盛的饭都不多，有的还往回舀回了一点，怕浪费。

在学校回收泔水用的桶旁边，一般站的是收剩饭剩菜的工作人员，而这里站的却是老师。这位老师手拿小本子，哪位学生有剩饭，就把名字和班级记下来，开会时点名批评。这样的做法的确有效。记者看到，只有个别的学生会出现浪费食物的情况，绝大多数学生都会把饭菜吃光，饭碗都是直接放到餐具回收桶里，中间没有倒掉剩饭剩菜的环节。不仅吃饭时有老师监督，这个学校平时对于学生节约粮食的教育也是很重视的。

一名同学告诉记者："开班会的时候会讲一些粮食的来源，有时候还会举出餐馆浪费的例子给我们看。每周我们学校的老师都会开会讲这个事情。"

记者看到，一顿午餐，这所3 000人的学校只有两个小半桶的泔水。学生节约粮食的程度不仅反映了一个学校对于食物浪费的重视程度，同时也检验了学校所采用的方法是否行之有效。中科院地理所的科研人员调查过很多所学校，对这里的调查结果是很满意的。

说完了学校，咱们再来看看自助餐。由于自助餐是交了钱随便拿，食客想拿多少就拿多少，所以这里的食物浪费也很严重。在一家海鲜自助餐厅，琳琅满目的食物让人胃口大开，食客们争先恐后地多拿海鲜，宁愿放在桌子上囤货，也不能想吃的时候没有。可那些在桌子上囤起来的食物，最终还是吃不了被食客倒掉了。

现在也有一些自助餐厅，所采取的不是食客自取的形式，而是点餐的形式。记者看到，这样的自助餐厅不仅就餐环境优雅有序，而且食物浪费量也非常少。

点餐式的自助餐每个菜给的分量都不大，如果食客喜欢可以再加。这样不仅让食客能多品尝几道菜，还大大降低了食物的浪费，而且每道菜都放在食客自己的盘子里，这样对于食物的责任也更加明晰。

除了自助餐这样就餐形式的饭店，记者也走访了不少传统就餐方式的饭店，发现除了一些火锅店把不用厨师制作的菜品分为大小份之外，其他菜系的饭店几乎都不把菜品分为大小份。

食物端上桌，没被吃掉被倒掉是一种浪费，如果在后厨没被做成食物被损耗掉，同样也是一种浪费。为了让这些食物物尽其用，这家饭店的后厨创造出了新菜品："像鸡蛋，我们这个镇店名菜'三不沾'，用的是鸡蛋黄，大量的鸡蛋清就基本没用了，现在鸡蛋清特别给它利用起来，比如说我们有芙蓉鸡片，创新一个菜把它就卖了。"

为了倡导整个餐饮行业减少舌尖上的浪费，中国烹饪协会也发起了号召。中国烹饪协会会长姜俊贤表示："合理库存。防止库存过多，形成食物过期、不得不销毁，造成很大的浪费。再一个就是提倡餐饮企业分成大盘、中盘、小盘来满足不同消费者的需求。从自助餐的角度希望服务人员要勤查勤看，看到点菜率不高的就不要再做了。"

在我们的日常饮食中也会出现为了追求口感而造成的浪费，这样浪费掉的不仅是食物，还有营养。

中国营养学会理事长杨月欣指出："大家都觉得面粉越精白越好，所以反复加工。那些人体必需的脂肪酸，都是在这个皮和胚芽里，可是你磨几遍的话这些都走了，所以这种浪费实际上也是对营养的损失。"

2013 年至 2015 年我国餐饮食物浪费量约为每年 1 700 万吨至 1 800 万吨，这相当于 3 000 万人到 5 000 万人一年的口粮。古人云"锄禾日当午，汗滴禾下土。谁知盘中餐，粒粒皆辛苦"。更何况，地球上还有很多人吃不上饭。粮食、营养、资源和劳动都不能浪费，这是文明的表现，不能因为你有钱买单，财大气粗，就可以大手大脚。让我们理性消费、文明就餐、尊重劳动、珍惜资源，一起加入"光盘族"，把节约落实到行动上。

（2017 年 4 月 3 日中央电视台《焦点访谈》）

3. 风貌通讯

例稿3.5.9

晨读经典　滋养心灵

现代社会，发展迅猛、传播迅速，很多过去想都不敢想的新科技、新知识都一股脑地涌到我们面前。特别是孩子们，求知欲强，拿起手机、打开电视，什么都能看到。外面的世界当然很精彩，中国传统文化中的宝贵财富也不能丢。为了不缺失这重要的一课，许多人都在不懈地努力。

湖北省某幼儿园的孩子们正在表演"狼来了"的故事。这样的活动经常举行，老师带领孩子们通过表演、游戏、讲故事等方式，把"诚实"等一个个做人的道理，像播种一样播撒在他们的心田。

小学老师也为孩子们迈好第一步做着爱心接力。从5年前开始，每天早上，北湖小学的学生们都会诵读20分钟的古今中外经典篇章。现在他们读的是有关解放战争的诗篇，而在平时还会读《论语》《大学》《弟子规》等许多古典作品里的精选篇目。通过晨读，孩子们有了不少收获。

邱宸宇给记者讲述了他所知道的"黄香暖被"的故事。宸宇的母亲说："在生活中他也是这么做的，通过学习这些经典，孩子也学会了做人做事的道理。"

古人说，熟读唐诗三百首，不会吟诗也会吟。反复诵读、理解、记忆这些经典篇章，不仅让孩子们从小就能接受中国优秀传统文化的熏陶，更为他们成为热爱祖国、有高尚情操的人夯实基础。

北湖小学五年级二班班主任陈老师表示："孩子他的模仿能力很强，他学会了以后会不自觉就用这些东西来规范自己平时的生活。比如说这个阶段我们都讲谦让，你会很明显发现，孩子们在这个阶段里头他的谦让做得非常好，说明我们在学校传达给他们这种精神文化，他们在生活当中都在潜移默化地执行。"

为了让更多的孩子能正确迈出人生第一步，湖北省委宣传部、省教育厅、省广播电视台联合倡导，从今年秋季开学起，在全省中小学及幼儿园推广"朝读经典•践行社会主义核心价值观"教育活动，每周用三个朝读时间，每次20分钟，组织500多万学生诵读经典作品，并且每两周用一节课专门进行讲解。

武汉大学原校长、博导陶德麟认为："我们中国的传统文化就是我们中华民族的血脉，就是我们的基因，如果你把它割断了，那么你这个民族就会成为精神上的流浪儿。"

晨读经典拥有广泛的民间基础，早在活动启动之前，一些学校已经成为先行者。在美加学校，每天早上7点到7点半，孩子们都会晨读国学经典陶冶情操，从小学到高中，诵读的内容由浅及深。这样的学习至今已有 8 年之久。美加学校也成为湖北最先开展此类活动的学校之一。学校董事长萧永瑞女士，师从国学大师南怀瑾 30 多年，造诣颇深，每周四还会为全校师生讲解国学。

为了营造浓厚的学习氛围，在学校里名人名言、孩子们的心得感悟随处可见。特别值得一提的是学校独创的“功过格”，里面记录着孩子们每天的自我反思以及老师的批注。

为了便于学生们更好地理解国学精髓，学校不仅自编了适合不同年龄段学生使用的教材，而且还补充了书法、武当武艺、声音瑜伽、主题班会等内容。润物细无声，8 年的坚守如今已初见成效，几乎每个孩子都能发现自己的变化。初二学生石子严有一次与同学们去游乐园玩，为了节省时间，她的父亲就替孩子们排队。石子严告诉记者：“我进去的时候看到旁边有一行字，不允许一人排队多人乘坐，我就放弃了。我爸爸问我为什么不进去，我就说因为我看到那个标语——勿以恶小而为之，勿以善小而不为。”

这样的例子不胜枚举，有的孩子改变了行为举止，有的孩子改变了思想性格，有的孩子不仅改变了自己还影响了周围的人。学习经典固然重要，知行合一更为重要，这也是教育的初衷。8 年前播下的种子，如今正破土而生。

一说到小朋友读古文，常常就会有人担心：传统经典，那么晦涩，孩子们能读懂吗？其实，这个问题在传统经典里就有答案。陈寿在《三国志》里就说过：书读百遍，其义自现。不读书，视野窄，不管大人小孩，都难免成为井底之蛙；多读书，常实践，不管大人小孩，自然都能知书达理。就这样知行合一、薪火相传，这些经典就会成为民族文化的基因，我们才能守住自己文化的根。

（2015 年 10 月 5 日中央电视台《焦点访谈》）

例稿3.5.10

长江第一坝——葛洲坝

葛洲坝水电站是中国长江干流上的第一座大型水利枢纽，兼顾兴利、防洪和通航功能。大坝位于湖北省宜昌市三峡出口南津关下游约 3 公里处。长江出三峡峡谷后，水流由东急转向南，江面由 390 米突然扩宽到坝址处的 2 200 米。由于泥沙沉积，在河面上形成葛洲坝、西坝两岛，把长江分为大江、二江和三江。大江为长江的主河道，二江和三江在枯水季节断流。葛洲坝水利枢纽工程横跨大江、葛洲坝、二江、西坝和三江。

万里长江，在世界著名的三峡中穿峡谷越险滩，冲出最后一峡——西陵峡的关口南津关以后，江面骤然由 300 来米猛增到 2 200 多米，这里是天宽地阔啊。长江从这里起再也不受高岭深谷的胁迫，它那被禁锢了 4 500 多公里的身躯，从这里开始得到了自由的舒展。

长江流出南津关，下行 3 公里就到了湖北省的宜昌市。

长江在这里被江中心的葛洲坝和西坝两个小岛分隔成大江、二江和三江。枯水的时候，大江行水。洪水期，三条江道同时泄洪。葛洲坝水利枢纽工程就兴建在这里。

葛洲坝水利枢纽工程是一项综合利用长江水力资源的工程，整个葛洲坝工程需要挖填土石方大约 8 000 万立方米，要是堆成一米高一米宽的墙啊，可以长达九万公里，能绕地球两圈多。

大坝是整个工程的主体，而大江截流能否成功又是主体的关键。葛洲坝水利枢纽工程自 1974 年正式施工，到 1981 年进入大江截流的高潮，满载石料的各种重型自卸卡车一字排开，看不清头尾。人们像准备发起冲锋的战士一样，屏住呼吸等待着冲锋的命令。

1981 年 1 月 3 号 7 点 30 分，一声截流令下，四五百台巨型机械的轰鸣声，震撼大江两岸，车流像一条钢铁传送带，平均每隔 18 秒钟，就有一车石料投进龙口。

在截流的头 13 个钟头里，长江不得不以每小时 6 米的速度把江道退让出来。大坝每小时前进 6 米，这是多么慢的速度、多么短的距离！是啊，就是连刚刚学会走路的小孩，也能在几分钟之内走完 6 米的距离。可是，此时此地，大坝每前进一分一厘，都要经过艰苦的搏斗。

万里长江自古以来在这里一直是随心所欲地流淌。现在，滔滔的江水却要在人们的力量和智慧面前被迫退出这世袭之地。长江当然不会轻易屈服。

当龙口只剩下 20 米宽的时候，截流更加艰巨了，投放 25 吨重的混凝土块，也被发狂了的江水轻易地冲走，冲走了再投，投了再冲走，就这样一直持续了两个多小时，投放了数不清的石料，坝头几乎毫无进展。

多少年来，在江边悬崖上攀缘行进的纤夫、在三峡中驾舟踏浪的艄工，曾被人们看作是中华民族不屈性格的象征。今天，在这个横锁长江的战场上，数万截流大军以伟大的力量和智慧，向大自然进击，在他们的身上，中华民族的英雄性格迸发出了新的光彩。

咆哮的江水，轻而易举地吞没了 25 吨重的混凝土块，怎么办？截流战士们用粗壮的钢丝绳把三四个 25 吨重的混凝土块连成葡萄串，从两岸同时把巨大的葡萄串抛入龙口。好，成功了！大坝又继续向前延伸。

大坝终于合拢了。快，快抢拍下这个难得的镜头。这个小伙子顾不得脚下高低不平、七棱八拐的石头，从长江的对岸一跃跳了过来。截流战士会师了。

整整经过了 36 小时 23 分钟的激战，一条雄伟壮观的大坝巍然屹立在江面上。

这是钢铁的大坝，这是力量的大坝，这是智慧的大坝！

大坝全长2 561米，高70米，坝顶设有许多专用设备，还可以通行汽车、火车。葛洲坝水利枢纽工程主要由拦江大坝、电站、泄洪闸、船闸、冲沙闸等建筑物组成，具有发电、航运、泄洪、灌溉等综合效益。

葛洲坝工程的兴建，使坝的上游水位抬高20多米，向上游回水100多公里，形成了一个蓄水15.8亿立方米的人造海，有效地改善了三峡航道。

建坝前，由于三峡航道险滩礁石的障碍，这一段江道的货运量仅为400万吨左右。建坝后，三峡航道水位上升，其货运量猛增到5 000万吨以上，提高了10倍多。

早在兴建葛洲坝工程之初，周恩来总理就明确地指示过，在长江上建坝，首先要考虑的是不影响通航，如果建坝影响了通航，大坝就没有存在的意义。

为了保证建坝后不影响长江的航运，葛洲坝水利枢纽工程建有三座大型船闸。

二号船闸是世界上少数巨型船闸之一，闸室长280米，宽34米，可以通过万吨级船队。单是这个船闸的人字门，就足以使人惊叹。为了焊接这个闸门，24个技艺精良的电焊工整整干了37个日日夜夜，烧去的焊条就有4万多根。这是一个什么样的闸门呢？每扇闸门的面积比一个篮球场还要大，重600吨，有12层楼那么高，难怪人们称其为“天下第一门”。

门谁都见过，开门、关门更是一日数次，可是开关这么大的闸门谈何容易呀。庞大齿轮，带动着长长的弯曲的钢铁巨臂，完成了人们尚在思索中的动作，而发布这一系列动作的命令的竟然是一个年轻姑娘纤细的手指，真是“一指推千斤”。哦，不，准确地说，应该是一指推动了1 200吨。

1981年6月27号葛洲坝的二号、三号船闸正式投入使用，长江中游和上游之间的航运，已经恢复正常。葛洲坝水利枢纽工程在大江和二江河段上各建一座低水投静流电站，总装机容量为270万千瓦。

二江电站的一号和二号机组，是我国目前最大的水文发动机组，单是水文机的四个不锈钢叶片每个就重40吨。人和这个庞然大物相比显得那么微不足道。但是这个庞然大物却是人设计制造出来的，并且要为人服务的。

葛洲坝水利枢纽的电站是我国目前最大的水电站，年发电量达141亿度，强大的电流将对我国的工农业生产和人民生活起到不可估量的巨大作用。

为了防止泥沙的淤积，保证通航发电，在大坝的两边兴建两座冲沙闸，用来束水冲沙。葛洲坝工程如果没有冲沙系统，只要100年，坝的上游就要被泥沙填平，整个工程就要报废。葛洲坝水利枢纽工程还建有27孔泄洪闸，要是把闸门全部打开，可以下泄每秒11万立方米的特大洪水。

如果说开发利用长江的水力资源，是一场规模宏大的战役，葛洲坝的兴建只能算是一场不大不小的火力侦察。等到战役的大幕全面拉开，那将更加振奋人心！

（中央电视台《话说长江》第十二集）

例稿3.5.11

网络直播闹剧何时休

近一时期以来，网络直播迅速兴起。这种基于互联网，以视频、音频、图文等形式向公众持续发布实时信息的活动推出之后就广受网友关注。为寻求关注度，直播平台也是各显身手，纷纷寻找代言人，也就是网络主播开始直播生活，直播购物，甚至直播吃饭和睡觉，还有人专程跑到四川大凉山去直播公益扶贫了。

网上有一段今年9月初在大凉山拍摄的为大凉山村民发放善款的网络直播。文身黑衣男子是快手直播平台的一名网络主播，网名为“杰哥”。看完这段视频，大家心里或许都在为这位“杰哥”的善良和大方点赞。然而，在另一段名为“揭秘大凉山公益作假”的视频中，同样的时间、同样的地点，呈现的却是截然不同的内容，两名男子正在拿回一群老人和小孩手中一叠叠百元大钞。收起来后再递给黑衣男子，黑衣男子一边埋头数钱，一边招呼。

这到底是怎么一回事？前不久，记者了解到，这段视频拍摄地就在凉山州布拖县城的一个小山村，在当地向导的带领下，记者决定驱车前往，一探究竟。由于记者到达时天色渐晚，当地又在修路，把车开到半山腰的地方后，徒步才到达村里。

听说有记者来采访此事，不少当天在视频拍摄现场的村民闻讯赶了过来。他们说那天他们在打燕麦，一群人跑来喊他们吃糖，给他们发钱。但不让他们把钱揣进兜里，而是举在手里拍照。

在视频中，发钱的主播声称，这是村里最贫困的15户家庭，而实际上只是随便找的几个人，最后钱都收回去了。

在另一段视频显示，他们把钱收回去后，这名主播还说了一句：“给你们发东西，过去排队接着拍。”

那么，最后这个所谓的慈善团队只是给当地村民发了毛巾、牙刷、肥皂等。

听在场的村民们议论，这个直播团队还给小孩发了一些东西。记者一打听，不由得大跌眼镜。他们给在场的小孩四个鸡蛋，拿着拍照，拍完后收走三个，留下一个；还有铅笔，发一捆，拍完以后收走，留下两支。

这场所谓的公益直播，拿出 3 万现金给村民现场发放又收回，而真正发的物资不足两百元，离开的时候，直播团队告诉村民们，第二天还要给村民发放其他物资。

第二天发了衣服、裤子、鞋子，然后就不来了。

时隔两个月，直到记者来到村里调查此事，村民们再也没见过这个直播团队的人影。通过调查记者了解到，在四川大凉山，类似“快手直播”这样的直播团队远不止一个，有的直播团队，在大凉山直播公益已经有好几个月的时间。而他们真正的目的并非慈善，而是吸粉、赚钱。

所谓“吸粉”，指的就是给直播号涨粉丝，让粉丝们在观看自己献爱心的时候刷礼物，而这些虚拟的礼物可以兑换成人民币。一位网名为“快手黑叔”的主播还在网络直播过程中透露，所谓的公益直播，其实就是赚钱。粉丝一天给他们 10 000，他们的花销就 2 000，剩下 8 000，一个月就是 24 万，一年 300 万。

打着公益的幌子，在贫困地区直播发钱发物资，再配上伤感动情的音乐，最主要的目的为了赚钱，让粉丝们在观看自己献爱心的时候刷礼物。“快手黑叔”在直播视频中直言不讳，打着公益的旗号搞直播，一个月下来，收入竟高达六位数，而真正花在公益上的钱，只是九牛一毛。

“快手黑叔”说：“我两个月赚 60 万，明年我要赚 2 000 万，我要换一辆宾利，盖别墅……”

近段时间，这几个直播团队起了内讧，在网络上相互指责对方在做“伪慈善”。“快手杰哥假装发钱”的视频就是对方偷偷录下传到网上的，而“快手杰哥”不甘示弱，又陆续曝出了对手不少“伪慈善”的内幕，指责对方往孩子脸上抹泥，为了吸粉吸金，对受捐对象怎么惨怎么弄。事情曝光以后，引起了网友热议，纷纷指责这种“伪公益假慈善直播”行为。

这几段关于大凉山公益直播的视频却变成了伪公益假慈善的闹剧。目前，当地政府部门已经介入调查。网络直播作为新兴业态，野蛮生长的同时也衍生出种种乱象。互联网监管部门对此一直保持高压态势，严管严查，清理规范。但由于直播行业井喷式的发展，人员鱼龙混杂，一些平台主播以不雅、低俗内容搏眼球行为还是时有发生，对互联网生态环境造成了直接破坏。

“直播吃饭，月入过万。”互联网直播近年来在中国走红，众多普通网民通过各个直播平台成为月入过万元的主播。“粉丝经济”也由起初的明星、名人，拓展到普通大众。

由于利益的驱使，其实不少网络直播平台都充斥着所谓的劲爆直播，而这其中就不乏色情、暴力等等低俗直播。今年 1 月 10 号晚，微博上突然出现某直播平台造娃娃的热点话题，据截图显示，在斗鱼直播平台中一个名为“放纵不羁 123”的主播，竟然在直播间直播性行为。

还有的网络主播直播虐杀动物，吸引了三万多粉丝关注，事发之后，涉事主播及团队因涉及非法狩猎，被警方查处。

为了整治这些网络直播乱象，今年7月，文化部曾经公布了一批对北京、上海、广东等6个省市的各类网络表演平台的检查结果，26个网络表演平台因涉嫌宣扬淫秽、暴力、教唆犯罪和危害社会公德等违法违规内容被查处，16 881名违规网络表演者被处理。

然而，不正之风并没有因此而销声匿迹，近日，全民TV女主播在直播中与男主播上演激情游戏，吸引了大批网友的围观。

11月9日凌晨11点多，记者用手机登录某直播平台看到，一名男子一边开车一边直播，还直言自己是酒后驾车，有观众提醒他找人代驾，却听到了这样的回答："没喝多少，白酒半斤多，喝了些啤酒。"

有观众表示这样的行为不妥，要举报他，没想到，这位男子竟没有半点担心。

10月底，有微博网友爆料称，斗鱼直播平台一主播毒瘾发作，面向30万观众直播吸毒。在当天的直播视频中可以看到，这名男性网络主播两次做出了疑似吸毒的动作。此事引发社会广泛关注。在网友曝光之后，上海公安机关迅速展开调查，将人在上海的涉事网络主播黄某控制。

上海警方对黄某进行尿检发现，他并没有吸毒。10月25日凌晨一点多，他是因为看到直播观众少了，脑子一热，拿了一张发票纸，做出了模仿吸毒的动作。然而，尽管黄某并没有真正吸毒，但因其在网络直播中连续做出模仿吸毒的动作，带来不良社会影响，违反了《中华人民共和国治安管理处罚法》，扰乱公共秩序，上海警方对其处以行政拘留5天的处罚。为了打击互联网直播的不正之风，上海警方自今年7月起对网络直播平台进行集中专项整治工作，截止到10月初，上海市公安机关依法永久封禁账号100万余个、关停违规直播间1 000余个，对"同游圈""金融道""游戏风云"等14家违法违规网络直播平台进行警告并限期整改、停业整顿等处罚。

垃圾必须及时清理，才不会变成垃圾场，但是清理的难度也不小。违法成本低，隐蔽性强，取证难都给清扫工作带来阻力。针对新形势，国家网信办日前发布了《互联网直播服务管理规定》。实名登记，即时阻断，新闻信息先审后发，建立"黑名单"等有力工具将使垃圾清扫工作变得更直接、更有力，也更有效。12月1日开始正式施行的新规已经划出了底线，那么，直播服务的发布者们请不要再乱扔垃圾，做网络直播的绿色环保人士吧。

（2016年11月14日中央电视台《焦点访谈》）

任务拓展

1. 自选教材中的训练稿进行缩编，策划、播音、制作一期专稿播音节目。
2. 策划一期专稿播音节目，可自选稿件、素材进行编辑，或自选题材采访撰稿、播音。

评价方法

考核表

<table>
<tr><th>考核模块</th><th>考核内容</th><th>考核方式</th><th>考核点</th><th>分值</th></tr>
<tr><td rowspan="2">（一）知识与技能目标</td><td>（一）有稿播音表达
1. 自备一档新闻节目，限时 6 分钟；
2. 新闻节目素材为原创，采、编、播、制均独立完成。</td><td rowspan="2">新闻播音作品技能竞赛成果展示</td><td>（一）语音面貌
1. 吐字清晰、音色圆润；
2. 语音标准、语法规范；
（二）形象气质
3. 形象端庄、大方，仪态仪表得体，符合职业规范；
（三）新闻播报
4. 导向正确、基调准确；
5. 语体运用恰当；
6. 主题鲜明、叙事清晰、新鲜感强；
7. 播报状态积极、对象感强、与受众交流亲切自如；
8. 停连、重音、语气、节奏、表达技巧运用得当；
（四）新闻采编
9. 策划精细、导向正确、主题鲜明；
10. 信息量适中，符合时效性、贴近性，编排合理；
11. 节目完整、声画结合、制作精良；
12. 节目有一定创新性；</td><td>60</td></tr>
<tr><td>（二）无稿表达
1. 即兴答题：现场抽题，限时 3 分钟；
2. 即兴评述：现场抽题看片，对某一新闻事件进行即兴评述，限时 3 分钟。</td><td>（五）即兴表达
13. 节目导向正确、态度鲜明、有思想性；
14. 语音规范、思路清晰、逻辑性强，符合新闻语体表达要求；
15. 内容充实、言之有物；
16. 表达流畅、交流感强；
17. 反应敏捷、富有个性；
18. 节目定位准确、完整、时长恰当。</td><td>20</td></tr>
<tr><td>（二）过程与方法目标</td><td>联系实际写一份《本学期个人学习、工作述职报告》（不少于 1 000 字，重点考察过程与方法能力）。</td><td rowspan="2">综合评价</td><td>1. 能够获取、搜集、整理信息，甄选有价值信息；
2. 能够制订、实施工作计划；
3. 能够分析、发现、解决问题；
4. 具有理论知识的运用能力；
5. 能及时完成工作任务。</td><td>10</td></tr>
<tr><td>（三）情感、态度、价值观目标</td><td>在学习小组公开述职（重点考察情感、态度、价值观能力）。</td><td>1. 有职业道德和社会责任感；
2. 有较强的新闻敏感性，有一定的新闻工作者的人文关怀意识；
3. 遵守工作纪律，有较强的自我约束力强，不迟到、早退、旷课；
4. 语言沟通能力、组织协调能力强，能够与团队成员团结协作，共同完成工作任务；
5. 能够实事求是地完成工作评价，给出合理分值。</td><td>10</td></tr>
<tr><td colspan="5">评分标准：优 90—100 分，良 80—81 分，及格 60—79 分
总分 = 自我评分（20%）+小组评分（30%）+教师评分（50%）</td></tr>
<tr><td>改进建议</td><td colspan="4"></td></tr>
</table>

课程考核评价方式

考核项目	考核内容	考核方法	权重(%)
终结考核	专业知识与技能	主要根据学生参加节目主持大赛成绩优劣，通过学生自评、媒体专家、专业教师评价相结合的方式评定成绩。	30
	过程与方法	主要根据学生进行学期工作述职的成绩优劣，通过学生自评、小组互评、教师评价相结合的方式评定成绩。	
	情感与态度		
过程考核	专业知识与技能	主要根据学习过程中随堂问答、课堂训练、学生采编播、制作的主持实训作品优劣，通过自评小组互评、教师评价相结合的方式评定成绩。	70
	过程与方法	主要根据学生获取信息的能力、资料搜集整理的能力、制定与实施工作计划的能力、理论知识运用的能力、独立分析问题的能力高低评定成绩。	
	情感与态度	主要根据学生具备责任心与职业道德、语言沟通、团队合作、组织协调能力的高低评定成绩。	
成绩换算公式	过程考核平均成绩 ×70%+ 终结考核成绩 ×30%= 课程考核总成绩		
补充说明： 1. 参加全国、省、市广播电视播音主持竞赛、选拔赛获奖者视奖名次酌情给予 3—5 分考核加分； 2. 参加院级主持播音职业技能大赛获奖者视获奖名次酌情给予 1—3 分考核加分。			

主要参考书目

张颂. 播音创作基础［M］. 3版. 北京：中国传媒大学出版社，2011.

白龙. 播音员、主持人训练手册语言表达技巧［M］. 北京：北京广播学院出版社，2002.

赵俐，李昕. 实用口语表达与播音主持［M］. 北京：中国传媒大学出版社，2009.

张颂. 中国播音学［M］. 北京：北京广播学院出版社，2003.

张颂. 朗读学［M］. 北京：中国传媒大学出版社，2010.

李新宇. 播音创作基础训练教程［M］. 北京：中国传媒大学出版社，2011.

付程. 实用播音教程：第二册　语言表达［M］. 北京：中国传媒大学出版社，1999.

李凌. 黄林非. 高职院校主持与播音专业人才培养模式研究与实践［M］. 长沙：湖南科技出版社，2016.